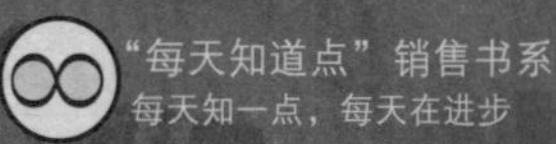

掌握销售新模式，使你轻松赢订单，业绩快增长！

MeiTianZhiDaoDian

XiaoShouDingDanXue

每天知道点

销售订单学

张超●著

重庆出版集团 重庆出版社

图书在版编目(CIP)数据

每天知道点销售订单学:张超著. —
重庆:重庆出版社,2010.11
ISBN 978-7-229-03060-5

Ⅰ.①每… Ⅱ.①张… Ⅲ.①销售—通俗读物
Ⅳ.①F713.3-49

中国版本图书馆CIP数据核字(2010)第193031号

每天知道点销售订单学
MEITIAN ZHIDAODIAN XIAOSHOU DINGDANXUE
张超 著

出 版 人:罗小卫
策 划:支大朋
责任编辑:王 梅 杜 莎
责任校对:李小君
装帧设计:张海军

重庆出版集团
重 庆 出 版 社 **出版**

重庆长江二路205号 邮政编码:400016 http://www.cqph.com
北京中印联印务有限公司
重庆出版集团图书发行有限公司发行
E-MAIL:fxchu@cqph.com 邮购电话:023-68809452
全国新华书店经销

开本:710×1000mm 1/16 印张:16 字数:224千字
2010年11月第1版 2010年11月第1次印刷
ISBN 978-7-229-03060-5
定价:31.80元

如有印装质量问题,请向本集团图书发行有限公司调换:023-68706683

前言

销售的真髓在于成单，成单的核心在于销售人员，迄今为止无数的销售人员都在思考一个问题：如何成就成功的销售事业，站在金字塔的顶端？

销售是目前我国高等教育的真空地带，从未有哪个大学开设过销售学系或者销售专业。既然没有体系内的培训可以参考，那么销售人员的成长之路可谓五花八门、千奇百怪了。最让大家困扰的是，销售培训不仅见效慢，而且效果不明显。

这是因为销售是一门综合性学科，它涵盖了心理学、逻辑学、市场营销学等方面的知识，更包括产品知识、产品使用、售后服务、谈判技巧、仪容仪表、个人成长等等方面的训练。再加上销售是一门艺术与科学相结合的学科，既严谨又灵活，需要随机应变、因势利导的能力。因此，短时间内成长为成熟的销售人员是比较困难的。

即使如此，专家们和成为传奇的成功销售人员还是研究出了一些规律性的法则。正如一位业绩出色的保险销售代表所说的：“我们每一个销售人员都需要通过严格的表演训练，在客户面前将既定的动作按照步骤展示出来，获得签单的可能性是相对确定的，大约30%。”

本书中的法则涵盖了销售工作中的八个关键环节：拿单商战的单兵时代——订单高手如何一个人去战斗；找准庙门烧对香——订单高手这样锁定目标客户；踩在成功的点上——挖掘客户需求的有效战术；细节决定成败——订单高手最为重视的细节管理；从任何类型客户那里拿到订单——不同类型客户的心理攻坚术；质疑的背后是肯定——异议背后的成单信息；绝技要在关键时刻必杀——促成订单的六个技巧；服务无止境，订单还复来——让订单自己找上门。这八个关键环节中的关键技巧又被梳理成为48条明确的销售法则，具备了十分优秀的实用性和可操作性。

尽管每一条法则看上去都是那么简单，但是仔细思量，将其付诸实施，并且坚持不懈也绝非易事。就比如说第一条“成功销售最先要懂得营销自己”，正如乔·吉拉德所说的：“既然你想在某个时刻某个地点对某个人或某些人做某种形式的销售，你就必须要脱颖而出。你是在试图让别人以你的方式去做某些事，以你的观点来看某些事。你想要他们改变观点，让他们喜欢你或爱上你。”要达到这种境界，需要经多年的历练和积累，更需要用心去对待销售工作。

“知晓”销售法则是容易的，难处在于将其铭记于心并融会贯通，真正呈现给每一位客户完美的销售过程。正如那句著名的宣传口号：我卖的不是产品，是体验。这体验不仅包括产品带来的身心感受，更包括销售全过程中的舒适、流畅、惬意。对每一个产品都能精细到形象地介绍，对每一个疑问都能通俗到位地讲解，对每一次失败都能汲取经验百折不挠，对每一天的自己都有细致的提升规划……这些将是销售人员的终生课题。

《每天知道点销售订单学》是近年来专家研究成果和销售明星成功经验的集合体，初看也许简明扼要，反复读来却能体会到不同层次的深意。销售人员不妨将它作为枕边书，帮助自己成就明日的销售传奇。

目 录
CONTENTS

第七章　绝技要在关键时刻必杀——促成订单的六个技巧

第八章　服务无止境，订单还复来——让订单自己找上门

第一章

拿单商战的单兵时代——订单高手如何一个人去战斗

如同军事武装的信息化进程走进单兵时代一样，商业销售大军也在逐步跨入单兵作战模式。但在销售团队的单兵作战还没有正式进入信息标准化装备的营销时代前，事实上销售人员的单兵作战还只能称之为一个人战斗的状态。一个人去战斗，成为个中高手，要如何武装自己，提高自身战斗能力，是每一个为订单而奋斗的销售人员必修的基本功。

成功销售最先要懂得营销自己

既然你想在某个时刻某个地点对某个人或某些人做某种形式的销售，你就必须要脱颖而出。你是在试图让别人以你的方式去做某些事，以你的观点来看某些事。你想要他们改变观点，就必须让他们喜欢你或爱上你。

销售自己比销售你的产品还要重要，因为你总是比你的产品先出现在客户面前，先让客户产生印象。也就是说，你把一个人活灵活现地摆在了客户的面前，你要先让客户对你这个人产生兴趣，才有机会得到话语权去沟通和影响客户。在客户先期接受销售人员的过程中，销售人员的形象礼仪、处世态度、思维观念和专业能力等等都无声地影响着客户。

可以说，销售人员是一个特殊的群体，他们可以说是商战中的特种兵，是集大智大勇、将帅风度、谋士气质、斗士勇气于一身的特种人才。销售人员处于企业竞争的最前沿，不断提升自身素质不仅是工作本身也是这样的营销时代对我们提出的挑战。要在同业人员的激烈竞争和客户挑剔的眼神中脱颖而出，顺利走向成功的彼岸，不但要提高自己的综合素质，丰富自己的内涵修养，还要懂得如何让客户接受你并且喜欢你信任你。

成功学大师拿破仑·希尔曾说过："每个人都总是在销售自己。无论你是谁，或从事什么职业，每当遇见一个人、向他人解释、和人通电话或表达自己的观点时，你就在销售最宝贵的财富——你自己。"

30 多年前的一天，在美国新泽西州西奥兰治市，一位年轻人从一列货车上跳下来，匆匆赶往爱迪生实验室。

秘书将他拦在了门外，并告诉他爱迪生先生很忙，不是所有来访客人都有机会面谈的。

接着，秘书问及他的来意，他坚定有力地说："我将成为爱迪生先生的合伙人！"

秘书注视着眼前这位风尘仆仆的年轻人，眼神儿里的不屑迅速转化为一种惊异和崇拜。她迅速去通报爱迪生，而爱迪生同样受到这个"合伙人"自称的合作机会的吸引，尽快接见了他。

就是这样一个冒失大胆的举动为他赢得了1个小时的机遇。

在这1个小时的时间里，年轻人对自己进行了充分的自我销售。1小时之后，他成为了实验室的一名员工，为爱迪生的工厂擦地板。但是5年之后，他却真的成为了伟大的爱迪生的合伙人，并作为口述记录机的经销商而闻名于世。

这1小时的自我销售可谓价值千金。这个年轻人就是伟大的埃德温·巴恩斯（Edwin C. Barnes）。

埃德温·巴恩斯积累了巨额的财富，这一切都要归功于他和爱迪生那短短1小时的会谈。在这1个小时里，他用自己的人格魅力征服了爱迪生这位20世纪最伟大的发明家，并最终成为了他的合伙人。

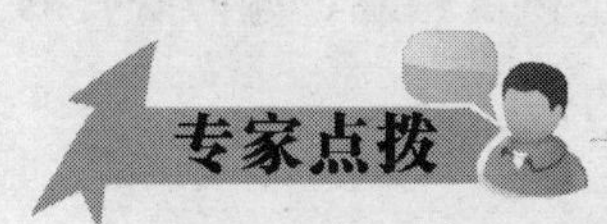

对别人产生影响，但又不激怒别人，甚至让别人受到你的影响开始喜欢并信任你，给你机会，这是成功销售人员的全部工作。一个人，以任何一种形式去说服别人的努力都可以称之为是销售，让客户喜欢并信任自己的过程是销售过程中至关重要的一部分。

为了让对方接受你，喜欢你并且信任你，你必须使自己成为他喜欢的样子，能够给他提供有益的信息和帮助，或者让他觉得你可以为他提供有用的信息和帮助。那么要做到这一点，销售人员应该从哪里做起呢？

第一，注重外表形象，这是基本

衣着整洁、仪表端正、文明礼貌、微笑热情。不是所有人都喜欢一个衣着整洁仪表端庄的人，但肯定没有人会莫名地讨厌这样的人。要留给别人一个好的第一印象，从内在、外表上都要做得很好。特别是微笑，是一张销售自己的金名片。

第二，学会倾听

倾听是雇员得到信任和尊重的捷径。对于销售员来说倾听是其了解客户的基本功，从倾听的过程中获取对自己有益的信息，这样也更有助于有针对性地向客户销售自己。

第三，要真诚

真诚是获得别人信任和尊敬的唯一方法。说服和吸引别人一定不是靠谎言。一个说谎话或半说真话的销售人员很快地就会发现自己没有前途、没有客户，继而也没有了工作。不论是对满口假意的奉承还是骗人的借口的人，人们是不会为他们留有余地的。

你可以以你优雅的风度、社会的高位、仁慈的行为、丰富的知识和经历等等去赢得他人的尊重。但是，只要一句谎话就可以毁掉所有的一切。也许不是所有人都希望自己面前出现的一定是一个风度翩翩、渊博睿智的人，但所有人都肯定希望自己面对的是一个真诚的人。

第四，强化记忆

一个销售人员最令人悲哀的一句话是“我忘了……”，它会使你的销售工作触礁。

相反，一个能记住客户姓名、职业、爱好、特长，特别是生日、荣誉等个人更为重视的因素的销售人员会立刻引起客户的青睐。因为这种被人关注、记住的感觉，每个人都会喜欢的。

我们都喜欢别人能够记住自己，特别是在某些场合。有时，只是记得

一个人的名字，就能为你敞开一道门，使其马上站到你那边，给你一个有利的形势。相反地，忘掉了那个名字，就会关了那道门，把你隔离在外。同样地，忘记了跟别人约好的时间、地点，也会使你失去成交的机会。那么，我们销售人员就要具备一定的记忆能力。

第五，把持自我

销售自己的过程，事实上是一个发挥自己能量影响别人的过程，它不是一个出卖自己的过程。因此，作为销售人员，要时刻把握好自己，不卑不亢，谦恭有度，这样才能赢得尊重和信任。如果自己不够尊重自己，不相信自己，又如何指望别人能尊重你，相信你呢。

如果销售人员能够做到以上五点，你就能很好地把自己销售给客户了，并且你的产品自然也很容易被客户所接受了。

销售大师九项修炼

1. 销售大师之所以能成为大师，是因为他们具有促使他人做出符合自己意图的行为，而不会产生抵触和摩擦的能力。

2. 销售大师清楚地知道自己的目标。他们知道如何制订计划并积极地把想法付诸行动。

3. 销售大师有着既可以用书面语言也可以用口头语言对他人产生影响的能力。

4. 销售大师是能够左右他人思想的战略家。

5. 销售大师是哲学家，可以用因解释果，也可以用果来解释因。

6. 销售大师是性格分析家。

7. 销售大师可以通过别人脸上的表情、所说的话、沉默的姿态，以及自己面对他们时的感觉来知道他们在想些什么。

8. 销售大师可以根据过去所发生的事来预测将来。

9. 销售大师可以领导别人，因为他们能够主宰自己。

激情饱满迎接挑战

一个人工作中是否能有所成就，取决于他是否拥有一种激情饱满的工作态度。如果我们能把棘手的工作看做是对自己的一种挑战，并且满怀喜悦和热情地投入其中，奇迹就会发生。如果我们能够以充满激情和活力的征服精神去对待工作，那么我们就可以轻松愉快地完成任务。

在很多行业的销售工作中，销售人员的平均流动率可高达30%～50%，有些企业却能将这个数字控制在2%以内。这些企业选拔销售人员的秘诀，就是特别重视个人的人格特质和工作态度。事实上，也正是积极的工作态度最终造就了顶尖的销售高手。

根据研究，一个人所从事的各种活动中有85%以上的结果是由自己内心所抱持的态度来决定的。所以说，决定身价的是你的态度而不是你的才能。研究还发现，顶尖销售人员永远是以积极的心态面对周围所有的人。他们深信因果定律，那就是你播种的是什么，收获的就是什么。

日本企业家稻盛和夫曾总结一个人的成功公式：个人能力×工作激情×价值观＝业绩。这个公式说明一个人的个人能力与工作激情是可以互补的，中国也有“勤能补拙”之说。有时候勤奋和激情比个人能力还要重要，因为人的能力是有弹性的，热爱工作的人往往还能激发出更大的潜能。

高木是日本著名的销售界人士，写了不少著作。当年，高木刚刚入行的时候，却是一切都不如意，他每天跑三十几家单位去销售复印机。在战后百业待兴的时期，复印机是一种非常昂贵的新型商品，绝大部分机构都不会购买。大多数机构连大门都不让他进，即使进去了，也很难见到主管。

高木只好设法弄到主管的家庭地址，再登门拜访，而对方往往让他吃闭门羹：“这里不是办公室，不谈公务，你回去吧。”第二次再去，口气更为强硬：“你还不走，我可要叫警察了！”

头三个月的业绩为零，他连一台复印机也没有卖出去。他没有底薪，一切收入都来自交易完成以后的利润分成。没有做成生意，就没有一分钱

收入。出差在外时住不起旅馆，只好在火车候车室过夜，但他仍然乐观地坚持着。

有一天，他打电话回公司，问有没有客户来订购复印机。这种电话他过去每天都要打，每次得到的都是值班人员有气无力的回答："没有。"但这一天，回答的口气不同了："喂，高木先生，有家证券公司有意购买，你赶快和他们联系一下吧。"

简直是奇迹！这家公司决定一次购买 8 台复印机，总价是 108 万日元，高木可得到的报酬超过 19 万日元，这是他的第一次成功。从此以后，时来运转，他的销售业绩直线上升，连他自己都觉得惊讶。其实，这一切都得益于他的乐观和从未丧失对事业的激情。

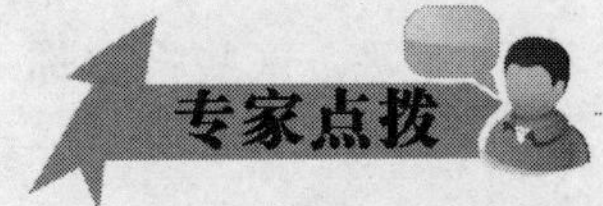

专家点拨

销售工作 80%的基础在于 20%的心理态度。销售人员所掌握的能力、技巧都建立于自己的想法和感觉。所以，培养更加积极、更加乐观、更追求卓越的态度是每个销售人员最不可或缺的功课。

当然，销售人员在工作中是承受着巨大的压力的。管理层的期待、同事间的竞争、强烈的好胜心还有经济上的压力，所有这些加在一起就会形成一个很可观的压抑氛围，时时对销售人员的心态发起挑战。因此，要控制情绪、调整心态，还需要一定的技巧和深谋远虑。

首先，控制情绪是每个销售人员都必须学会的最有价值、最关键的技巧。如你所见，任何一个出色的销售人员或任何一个成功的个人，都是承受过压力之后才变得异常出色的！只有通过压力的冲击，人们内在的潜能才会被激发出来，个人的信心和能力才会空前高涨。压力是一条通往成功的道路，它将"我可能""我能""我必须"和"我做到了"紧密地联系在一起，最终给你带来非同一般的际遇，将你提升到一个全新的层次。

永远不要害怕压力——没有压力，就不会有辉煌的成就。压力并非你想象的那么可怕，并非总是让人避之不及，只要你懂得如何应对压力，一切就会变得很轻松。

你需要了解的是，压力的释放是必需的，否则就会产生偏执的、负面的或者沮丧的情绪。在采取下一个行动之前，你需要好好地分析自己的情绪，而不是听之任之，让它成为你工作中的阻碍。要知道，在销售的世界里，能否成功就取决于你是否拥有乐观向上的心态。

虽然你不能强迫自己变得高兴，但是你仍然可以找到一个独特的、有创造性的途径控制自己的情绪，对自己产生积极的影响。比如说，如果你正经历一个情绪低落期，那你就要执行一个策略，让自己尽快行动起来，并能够取得一些可预期的小成果。比如，去拜访一个已经在使用你的产品和服务的老客户；和已经建立良好关系的客户聊聊天，和他们待上一会儿，你或许有可能在此期间得到一两个推荐客户。你会发现，这些将让你的情绪和精神状态很快好转。

体力活动也是个好主意。去慢跑或者健身，也可以到海边坐坐，与大自然亲密接触。你也可以把能让你振奋起来的最爱的音乐整理成专辑，在去拜访客户的路上边听音乐边放声歌唱。很多事情都能让人精力充沛，重新振奋起来。快发挥你的创造力吧！

当你的情绪和意志处于高潮状态，那么一切都会觉得进展顺利，你也将真正步入正轨。这时你会发现人们主动向你敞开大门，每个人都愿意了解你和你的产品，钱也在不断地流入你的口袋。这个时候你需要做的就是更多地拨打电话，拜访客户，你会惊讶自己的效率以及在这段时间内积累的销售额！

一个人的思维和气质常常是由他所从事的工作打磨而成的，也许并非出于刻意，而是每天所接触的人和事，每天必须思考和处理的问题，培养出了一种个人风格，而且环境也有一种特殊的氛围，给其中的每个人打上烙印。

积极正面的信念产生潜能和决心，决心带动行为，积极的行为造就好

的成果，好的成果让我们更坚信积极、正面的信念，从而形成良好的循环和结果。信念让一切的不可能变为可能。

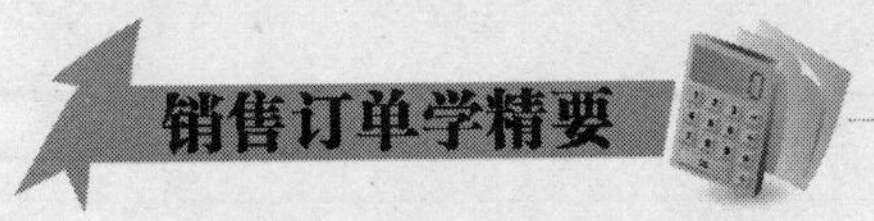

保持积极心态的10个方法

1. 目标清晰有助于保持高度的热情，因为你会看到自己在不断地向着它前进。

2. 将目标不断分解成过程中的众多目标，将快乐融合在每一次小小的成功中。

3. 不要受某些客观因素的影响，对你无法改变的就不要去考虑。

4. 如果你认为没关系，事情便没关系；如果你认为有关系，事情就有关系。

5. 一年的时间内，只读积极正面的书籍，参加有益的讨论会和进修课程。

6. 对障碍或差错，学会从中寻找机会。事情出错时，要记得那不是别人的错，而是自己的错。

7. 不要理会那些说你“做不到”或企图令你灰心丧气的人。

8. 反省你的语言——避免说“没有”、“不行”或“不会”等消极字眼。经常谈你为什么喜欢，不要谈你为什么不喜欢。

9. 用乐观的心态对待每一件事情。

10. 刻意地体会自然状态下的快乐，每天想一想值得庆幸的事情。

耐心才能发现机会

没有任何一个销售人员一开始就能获得成功，做任何事情都是循序渐进的，成功的唯一途径就是从每一次的失败中学习经验，唯有靠坚定不移的恒心，持续不断的毅力，才能成为一个真正的赢家。

客户的发掘与维护是一个漫长的过程。从发现客户、接触客户，到了解客户需求并实现业务的往来，到最终保持长久的业务关系，客户关系的维护需要销售人员付出自己万分的耐心，以坚持不懈的努力去发掘蕴藏着的生意机会。

俗话说："心急吃不了热豆腐"，"欲速则不达"，成功的销售必然是建立在充分的准备之后。学会耐心是一名销售人员，特别是刚入职场的销售人员的必备素质。在销售过程中，销售人员需要放宽眼界，不要急于求成，在保持一份耐心的基础上，不断扩展产品知识，提高自身业务能力。

要做成第一笔生意，通常需要和潜在客户接触5～10次才行。可能对方不会直接说"不"，但每次你采取跟进而对方又没有下单的时候，他实际上等于是在说："我现在还不能买，你还没能说服我。"

作为一名职业销售人员，你需要的是耐心和技巧，不要半途而废。你

应该心甘情愿地付出努力，勇敢地承受住很多个“不”，这样最终才能走向成交。如果给这个阶段写出一个公式，那应该是：新信息＋创意＋真诚＋直接＋友善＋幽默＝成交。

当然，所有的公式都不是一成不变的。你总可以找到适合自己的跟进技巧。

日本销售之神原一平在其50年的保险销售生涯里，从不勉强任何客户投保，而是设法使准客户对保险有正确认识之后，再诱导他们自动自发前来投保。他认为这才是保险销售人员的正确做法。

原一平曾多次拜访过一位准客户，但从来不主动详谈保险的内容。有一次，客户问他：“原先生，我们交往的时间不算短了，你也给了我很多帮助，有一点我一直不明白，你是做保险业务的，可我从来都不曾听你对我谈起保险的详细内容，这是为什么？”

“这个问题嘛……暂时不告诉你。”

“喂，你为什么吞吞吐吐呢？难道你对自己的保险工作也不关心吗？”

“怎么会不关心呢？我就是为了销售保险才经常来拜访你啊！”

“既然如此，为什么从未向我介绍保险的详细内容呢？”

“坦白告诉你，那是因为我不愿强人所难，我向来是让准客户自己决定什么时候投保的。”

“从保险的宗旨和观念上讲，硬逼着别人投保是错的。再说，我认为保险应由准客户感觉到需要后才去投保，因此未能使你感到迫切需要，是我努力不够，在这种情形下，我怎么好意思开口让你买保险呢？”

“嘿，你的想法跟别人就是不一样，很特别，真有意思。”

“所以我对每一位准客户都会连续不断拜访，一直到准客户自己感到需要投保为止。”

“如果我现在就要投保……”

“先别忙，投保前还得先体检，身体有毛病是不能投保的，身体检查通过之后，不但我有义务向你说明保险的内容，而且你还可以询问任何有关保险的问题，所以请你先去做体检。”

“好，我这就去体检。”

原一平采用的是坚持耐心引导客户的需求销售策略，而非用种种软硬兼施的方法勉强准客户投保。过于急切的成单常常会产生许多中途解约之类的后遗症，反而是得不偿失的。

耕耘与收获成正比。上帝不会凭空扔给你一块馅饼，没有足够的付出，就不要妄想获取更多的回报。

销售是一门艺术，这门艺术就是问对问题，以得到一些小肯定，然后

来引导你的买主做出主要的决定和肯定。销售基本上是一个简单的方程式，最终的销售结果绝不会多于你所得到的肯定。

销售人员不应浪费每一个通话机会、每一次拜访机会，仔细询问潜在客户其担心的问题或已经存在烦恼的问题，专门用足够的时间、用足够的耐心来围绕着客户，用最热心、最专注、最诚恳的一面，想方设法地帮助客户解决其担心的问题，必要时需要专门针对实际的问题给出翔实的解决方案，让客户动心。

有时候，当你正为了订单焦头烂额时，忽然有人表示有兴趣向你购买商品，这真是踏破铁鞋无觅处，得来全不费工夫。很多销售人员就会想，哇，真是好运降临，这种机会一定不能错过，要把订单搞到手，于是就很急切地想做成这单生意。

其实，如果你真的需要这个订单，那么千万不要急于求成，而是按照以下几个步骤进行：

第一，培养关系而非急切成交

因为全新的客户与你素昧平生，你根本就不知道他的最基本情况，如果贸然采用单刀直入的销售手法，势必会为你以后的销售设置障碍，很有可能使客户产生退缩心理，因此你需要做的就是与客户神侃一番，感受一下电话那头是个什么样的人。

第二，了解真实情况

在你和客户聊天的过程中，你可以询问一些对方的基本情况，比如姓名、住址、购买商品的理由等等。销售是一个很实际的销售过程，客户的回答可能超出你的想象，也可能在你的意料之中。有时候对方打电话，就有可能马上签单，所以了解真实情况更能促成销售的顺利进行。

第三，和客户约定面谈

煮熟的鸭子也会飞走。即使你在电话中已经把客户说服，也需要一次面谈，你可以这样说："还有一些很重要的事在电话里谈不太方便，我们不如明天见面我再详细说明。"

这时客户一般都不会拒绝，你可以和他商定见面的具体时间、地点。

销售就如同玩数字游戏，销售人员的工作目标就是想尽一切办法，运用各种时机来提高自己胜算的概率，当然，最重要的一个前提就是要做到让对方感到你是关心他的，制造愉快融洽的合作气氛，而不是一开始就暴露出明显的企图心。

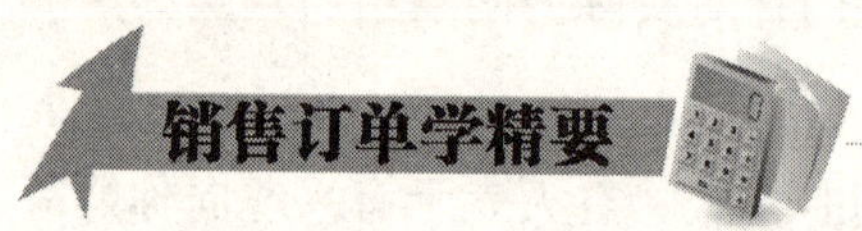

成为完成80%业绩的那20%

1. 对自己负责——成功的销售人员总是对自己的结果负责，而且是100%的对自己负责，他们总是在不断地寻找成功的方法。

2. 面对失误——在销售的过程中，难免会犯错。犯错不可怕，可怕的是对错误的恐惧。

3. 承担责任——成功的销售人员敢于面对挫折与可能的失败，他们百折不挠，他们积极进取、乐于学习，他们没有时间抱怨和找理由，他们心无旁骛，目光盯住的就是成交。

4. 面对恐惧——人与人最大的区别就在于观念的不同，观念的不同产生了不同的思维方式，也产生了不同的行为和结果。销售人员需要做的是打消顾虑，面对恐惧，不让无数的可能性就在犹豫和等待中化为乌有。

相信自己，才能让别人相信你

没有任何一个人，特别是你的客户，有义务去相信你，就像没有任何人有义务要去购买你的产品一样。因此，让别人相信你才是销售的终极目标。而信任就像尊重一样，只有你先相信自己，才能让别人相信你，就像你要自重才能赢得别人的尊重一样。

人们总是习惯于低估自己，结果往往弄假成真。对此，心理学家弗洛伊德总结道，许多人觉得在命运面前自己的力量微不足道，没有打破现有框架所需要的非凡的勇气，因而最终选择了安于现状。

很多销售人员容易先入为主，在做事之前就把情况看得非常艰难，而且往往忽视自己的能力。其实，回想失败的经历，你会发现你其实拥有足够的智商和能力。为什么你会失败？因为你自己打败了你自己。

作为一个职业销售人员，你首先必须对自己有信心，大可不必因为自己资历尚浅、公司或产品没有名气而气馁。要得到别人的信任，首先要坚定地相信自己。与客户见面前，你可以在心里不停地对自己说：“我是最棒的，我所代表的公司是最好的，我所销售的产品是最适合的，我一定能够交到你这个朋友，你也一定会购买我的产品。”

不要被不恰当的自我评价束缚住，坚持你自己的美妙的想法和创意，鼓起勇气去实施它们，你将从自己那里获得无穷的生产力。

世界上最伟大的汽车销售员之一乔·吉拉德在35岁时遭遇了人生低谷——事业在一夜之间垮了，一无所有，负债6万美元之多，法院要没收他的家当，银行要拿走他的车子。

更糟的是，家里连一点儿吃的都没有，两个年幼的孩子——小乔和格雷丝整日饿得嗷嗷叫。这样的情景仿佛是一场噩梦。

夜晚来临时，妻子告诉他家里一点儿可吃的食物也没有了。忽然间，填饱肚子成了乔·吉拉德全部的心愿。

正当乔·吉拉德极度沮丧时，妻子朱丽姬就搂住他说："吉拉德，我们结婚时空无一物，不久就拥有了一切。现在我们又一无所有，那时我对

你有信心，现在还是一样，我深信你会再成功的。”在那一刹那，乔·吉拉德了解了一个重要的真理：“建立自己信心的最佳途径之一，就是从别人那儿接受过来。”

后来，有朋友介绍吉拉德去一家经销汽车的公司，销售经理哈雷先生起初很不乐意。

“你曾经销售过汽车吗?”哈雷先生问道。

“没有。”

“为什么你觉得自己能够胜任?”

“我销售过其他东西——报纸、鞋油、房屋、食品，但人们真正买的是我，我销售自己，哈雷先生。”

吉拉德已经重建了足够的信心，他并不在意自己已经35岁，也不在乎人们所认为的销售是年轻人干的这个观念。

哈雷笑笑说：“现在正是严冬，是销售淡季，假如我雇用你，我会受到其他销售人员的责难，再说也没有足够的暖气房间给你用。”

生存的威胁已经使吉拉德变得更加坚强：“哈雷先生，假如你不雇用我，你将犯下一生最大的错误。我不要暖气房间，我只要一张桌子、一部电话，两个月内将打败你最佳销售人员的纪录。”他信心十足，但实际上并没有十分把握。

哈雷先生终于在楼上的角落给吉拉德安排了一张满是灰尘的桌子和一部电话。就这样，他开始了自己新的事业。

刚开始的第一次销售是最辛苦的。一旦成功，以后的发展便看你自己的了——吉拉德对自己说。就在那时他悟出了另一个伟大的真理：“信心产生更大的信心。”

那是吉拉德爬向人生高峰的开始。从一张灰尘厚积的桌子和一本电话簿，从失败走向了成功。

哈雷先生无法相信，在两个月内，吉拉德真的实现了自己许下的诺言，打败了公司中所有销售人员的业绩，还偿还了6万美元的负债，同时也买回了自尊!

“信心产生信心”，吉拉德再次确认这句话的力量。一年内，他的汽车销售业绩达到了 1 425 辆，他也终于从失败者转而成为世界上最伟大的汽车销售人员。

销售人员在成功地把自己销售给别人之前，必须首先百分之百地把自己销售给自己。你必须相信自己，对自己充满信心。也就是说，你必须完全认清自身的价值。

世界上只有一个你。你是世界上独一无二的，没有谁和你一模一样。没有一个人可以等于你，没有一个人和你的指纹、你的声音、你的特征或你的个性完全相同。即使是一对双胞胎也绝不会一模一样。

“我是最重要的，我永远是第一。”销售人员不妨每天在自己的意识和潜意识里不断强化这一观念。你是你生命中最伟大的！

当然，在我们的一生中会遇到各种各样的对手，在前进的道路上也会有许许多多的障碍。在拳击比赛时，如果一方被对方击倒，数至十秒内仍不能站起来，即宣告被打败。而在我们生命中的每一时刻，就如同与生活在进行比赛，很多事情就决定于这几秒之间。

你可以是胜利者，也可能被击败。那么为什么不成为胜利者呢？其实，你不必告诉你的对手，你要给他们什么颜色看看，你只要积极地告诉自己，你是最伟大的。现在，马上去做！

下面几种方法曾帮助很多销售人员消除恐惧，增加了自信和勇气，相信它们也一样会帮助到你。

第一，相信自己

告诉自己“我能行”，把这句话写在你浴室的镜子上，每天大声喊上几遍，让它们浸入你的心灵。

第二，结交乐观自信的人

这样的人能带给你积极向上的奋斗动力，无论任何时候你都不要畏惧失败。

第三，坚定信心

信心会让你产生更大更强的信心，这种力量能促使你走向成功。

第四，主宰自己

汽车大王亨利·福特曾说过，所有对自己有信心的人，他们的勇气来自面对自己的恐惧，而非逃避。你也必须学会这样，坦诚面对你的自我挑战，主宰你自己。

第五，勤奋工作

无论你从事什么工作，要想有所作为，只有踏实勤奋才能向成功靠拢。

如果你要受人欢迎，那你必须具有绝对的信心，这一点非常重要。信心使人产生勇气。假使我们对自己都没有信心，世界上还有谁会对我们有信心呢？

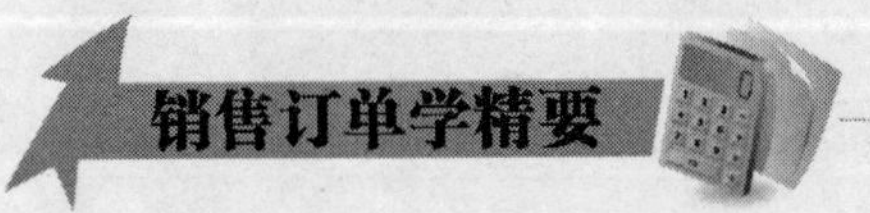

销售人员应该学习

你永远无法完全了解客户与产品，但是你却可以从学习中获得利益，更可以从中得到自信。

专业术语——如果你懂得专业术语，那将有助于你进入行业领域。

实际演练——花时间去学习技巧，并没有实际执行来得有效。

自我训练——将你的时间投入到自我训练中，将有助于提升自己的能力。这是不多的集中改变虚度光阴的状况的方法之一。

回归正式教育——不管你的年纪有多大，你都可以给自己机会回归到系统的教育体系。要知道，直接从学校中学习知识是最好的学习方法之一。现在你可以很容易地找到销售或事业管理的相关课程。

寻找巅峰表现——你将发现别人的巅峰表现也是一种可以学习的技巧。

变得具有创造力——人并不是一生下来就具备或者不具备创造力，创造力最主要的特质是学习的品质，而不是遗传。

三寸之舌才是拿单“利器”

如果你想把你的产品卖给客户，你需要经历一个艰苦卓绝的说服过程。这个过程中你唯一的武器就是你的一张嘴。而你的这项武器是否够锐利，那就要看你的口才是否足以在任何情况下都能打动你的客户。

希腊哲学家苏格拉底说：“请开口说话，我才能看清你。”这是因为人的声音是个性的表达，是一种内在的剖白。话随音转，换句话说，字句、音调里都含有宝贵的信息。

所谓沟通，正是一种使别人信服的艺术。销售人员的口才能推动商谈达到最终的目的地，口才是拿单的利器。

众所周知，在人类所面临的十大恐惧中，演讲甚至比死亡的排名还高。但是，如果要做成功的销售，你就必须掌握这种技巧。和生活中的所有事情一样，你做了大多数人不能或不愿做的事情，那你得到的回报将是不可估量的！

很多人认为好的语言表达能力就是滔滔不绝，事实上远非如此。判断一名销售人员是否具有良好的语言表达能力，要从他所使用的语言的说服力上分析，销售的核心是说服，说服力的强弱是衡量销售人员水平高低的标准之一。很多时候滔滔不绝不但不能说服客户，还有可能引起反感。要想成为一个出色的表达者，销售人员需要学习并不断磨炼言谈的技巧，以抓住自己的听众——目标客户，让他们有兴趣和你做进一步的交流，希望从你这里获取更多的信息，愿意从你这里订购产品或服务。

贝尔纳·拉弟埃是空中客车飞机制造公司的销售能手，当他被推荐到空中客车公司时，面临的第一项挑战就是向印度销售飞机。这是件棘手的任务，因为这笔交易曾由印度政府初审，未被批准，能否重新寻找成功的机会，全看特派员的谈判本领了。

作为特派员，拉弟埃深知肩上的重任。他稍做准备就飞赴新德里，接待他的是印度航空公司主席拉尔少将。拉弟埃到印度后，对他的谈判对手讲的第一句话是："正因为你，使我有机会在我生日这天又回到了我的出生地。"

这是一句非常得体的开头语，它简明扼要，但内涵却极为丰富。它表达了好几层意思：感谢主人慷慨赐予的机会，让他在自己生日这个值得纪念的日子来到该国；而且富有意义的是——该国是他的出生地。这个开场白拉近了拉弟埃与拉尔少将的距离。不用说，拉弟埃的印度之行取得了成功。

贝尔纳·拉弟埃靠着娴熟的销售技巧，为空中客车公司创下了辉煌的业绩。仅在1979年，他就创纪录地销售了230架飞机，价值420亿法郎。

真正的说服需要技巧，那些真正具有说服力的销售人员并非都能口若悬河、侃侃而谈，只要掌握方法，一个木讷、呆板甚至说话结巴的销售人员都能具有超强的说服力。

第一，具有说服力和感染力的语言，首先必须是积极的

很多销售人员不注意这一点，所以他们的销售总是得不到客户的热烈回应。

例如，一位机器设备销售人员在回答客户有关产品性能方面的问题时是这样回答的："李先生，您绝不会因为买了我们的商品而后悔，因为这款机器绝对不会给您带来问题和抱怨。"后来他失败了。几日后另一位销售同样机器的销售人员也来拜访李先生。面对同样的问题，这位销售人员是这样回答的："李先生，我保证您今后几年都会因为购买了我们的产品而高兴的，易于操作、功率强劲一直都是这款机器的特点！"最后他成功了。

从逻辑上说，两名销售人员所说的内容都是相同的，但是前一位使用了消极的语言所以大败而归，而后一位使用了积极的语言而取得了成功。

不管你面对的是怎样的客户，也不管你所处的环境如何，如果有积极的词汇可以选择，那么就要完全避免不必要的消极词汇出现，我们要说“这种产品真的不错!”而不要说“它绝对不会出错”，要说“我们能为您提供更加全面周到的服务”，而不要说“和我们合作您就不必再担心合作伙伴不能履约而为您带来损失”。

第二，语气要尽量委婉

说服不是逼迫，这是很明显的道理，但仍然有相当多的销售人员把二者混淆在一起。很多销售人员认为，如果自己显得挑战性十足，客户就能就范，购买自己的产品。事实并非如此，不管是语言还是行动上的逼迫，都不会给客户带来好的感受，都不能说服他们，相反只会引起他们的反感。与挑战性十足的语言比起来，客户更容易接受一种委婉柔和的语言，这种语言能为销售人员赢得客户朋友式的友谊，能使自己的真诚得以展现。事实上，这种语言更有助于销售。

第三，你需要寻求客户的回应

有句话说得好，“销售不是灌输”。很多销售人员花费大量的时间向客户灌输自己手边成堆的资料，而不是停下来让他们摸清楚资料的来龙去脉，并向他们解释这些资料将给他们带来哪些确切的利益。沟通是一门艺术，你要通过提出正确的问题来激发人们的兴趣，引导他们参与探讨，建立起和谐的关系，真诚地表现出你对目标客户的在意。

最后请记住，你的表达是你最重要的财富，正是它吸引、激发、鼓动了你的目标客户，让他们为你所折服，把你当做他们唯一的采购渠道。

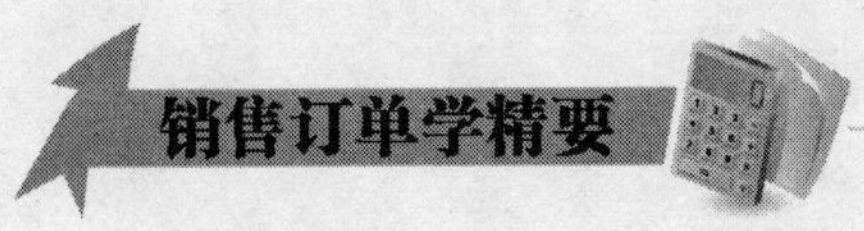

修炼你的表达

只用嘴说话是难以形成气势的，所以应该用嘴、眼以及心灵去说话。

语言技巧是不断学习、演练与修正的过程。

最有力量的语言是具有弹性的语言。

人都有发表自己见解的欲望，而倾听成了我们对客户的最高恭维和尊重。

善于倾听客户讲话的好处就是我们可以更多地了解客户的信息以及他的真实想法和潜意识。

要想销售成功，听就要占整个销售过程的70%，而说只占30%。

说服的关键在于是否能够说到点子上，你的观察力、分析力、判断力、表达能力、推测力等都是非常重要的。

人格魅力是一项“核武器”

人格魅力就是你的气场，是一种于无形之中可以影响别人的力量。一个有人格魅力的销售人员，可以让客户感受到真诚和信任。要知道，客户不是被你的销售技巧所感动，而是被你的人格魅力所折服。正所谓三流销售靠产品，二流销售靠理念，一流销售靠人格魅力，就是这个道理。

销售是与人打交道的工作。在销售活动中，你的人格魅力和销售的产品同等重要，是决定成败的“核武器”。调查表明，客户之所以购买某品牌产品，并非一定取决于产品质量，对销售人员的好感往往会起到决定性的作用。据美国纽约销售联谊会统计，71％的人是因喜欢、信任、尊重一位销售人员而做出购买决定的。

有些销售人员在和他们的客户洽谈时，往往会带着歉意，带着像“对不起，占用您宝贵的时间”这样的表情。这会给客户一种印象：他们没有什么重要的事情，他们对自己缺乏自信，他们对自己所代表的公司或者他们正在销售的商品没有多少信心。

在接近一个潜在的客户时，你应该体现出职业性的特点，表现出充分的自信，那是对你的能力、你的诚实和正直以及对你在业务知识方面的自信。单纯职业性的自尊能帮助你给客户留下美好的印象，并赢得别人的尊重。它至少可以保证你听到礼貌的言辞，并使你有机会以一种巧妙的方式达到你的目的。

请记住一点，无论你销售的是什么东西，是书籍还是钢琴，五金器具还是纺织品，你的行为方式、人格魅力都将在很大程度上决定你的成败。

某销售人员前往一家公司销售某食品研究所生产的一种新型蕈汁饮料。

她拿出样品说：“这是我们刚研制的新产品，想请你们销售。”

经理打量了她一眼，正要一口回绝，却被同事叫去听电话，就随口说了声“你稍等”。

结束了一个漫长的电话，经理已忘记了这件事。这样，这位销售人员整整坐了几个小时的冷板凳。临下班时，经理才发觉这位等待回音的销售人员，感动得要请她吃饭。

面对这个朴质的销售人员，经常与夸夸其谈的浮躁的销售人员打交道的经理，一下子感到很踏实，当场拍板进货。

没有人会愿意和一个打心眼里瞧不起的人做生意。作为销售人员，你需要在客户面前表现得职业、勇敢、果断，即使对方拒绝给你订单，也要迫使他尊重你、佩服你。

一个成功的销售代表这样描述他的成功经验：我走进客户办公室时不会蹑手蹑脚，而是像走进自己的办公室一样，也不会做出任何可能被踢出去或者被拒绝的表情。我会尽可能以最果断和威严的方式，直接走到他面前，因为我深信我一定能够给他留下良好的印象，这样他就能够愉快地记住我，即便我不能得到他的订单。结果，那些很难接近的人经常会把他们拒绝别人的那些业务给我，因为我不害怕接近他们，并且能够愉快地说出我想说的话，而无须装腔作势、奉承或者道歉。

总之，你的态度、精神状态以及你的个性，决定你销售艺术的高低。你给他人的印象将成为影响你销售的一个非常重要的因素。

一般来说，自我介绍是你成功的第一步。如果你开始能给人留下一种非常满意的印象，你获得成功的可能性就会大得多。

这就要求你在过分奉承和过分勇敢之间选择一种最好的方式。如果你在接近一个人时戴着帽子，嘴里叼着雪茄或手里的烟还未熄灭，呼吸时满嘴酒气，走路时大摇大摆，表现出身体的不适，或者表现出对客户缺乏起码的尊重，所有这些都会让你吃到苦头的。如果你给人留下一种不好的印象：比如随地吐痰，缺乏尊重，目光闪烁不定，表现出怀疑，或者担心，客户可能马上就会对你产生偏见。一旦客户对你有了偏见，他就会对你所讲的理由产生怀疑，进而以一种怀疑的态度对待你正在极力销售的商品。

此外，沉着冷静是一个销售人员不可或缺的品质。对于一个充满自信的人来说，保持沉着冷静是自然而然的，没有自信便很难表现出尊严，其他人也很难相信你。你对自己的看法与一个潜在的客户对你的看法在很大程度上是相互关联的，因为你会随时向对方暗示你对自己的评价。

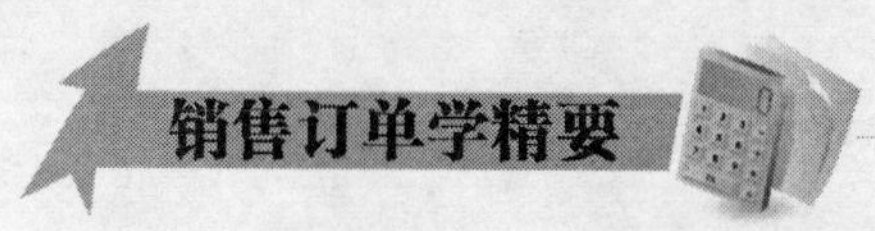

营造良好的第一印象

在销售活动中，懂得形象包装，给人良好的第一印象者，将是永远的赢家。

1. 衣着形象——一个人的穿着打扮能直接反映出他的修养、气质和情操。往往能在他人认识你或你的才华之前表露出你是何种人物。

2. 仪容形象——修饰仪容要讲究协调，即要与销售人员自身的外貌、气质、身份以及外部的环境相协调，给人以“浓妆淡抹总相宜”的感觉。

3. 谈吐形象——销售人员与客户说话时，态度就要谦逊有礼，让客户觉得你很有教养。彬彬有礼的人才会受到人们的欢迎。

4. 礼仪形象——礼仪是个人内在文化素养及精神面貌的外在表现。只有树立了有内涵、有修养的形象，客户才会愿意给你机会。

第二章

找准庙门烧对香——订单高手这样锁定目标客户

销售人员可以通过选择目标客户找出最佳的潜在客户群，这是提高绩效的指南。“选对的事情做”比“把事情做对”更重要。销售人员必须在开始时就找出真正符合购买条件的潜在客户，继而针对他们进行销售动作，才不会徒劳。

MAN 法则迅速锁定有价值客户

会钓鱼的人都知道不同的鱼场有不同的鱼群，不同的鱼群其所用的诱饵也不相同。销售的前提就是要找准商品的定位，找出最有可能性购买该产品的目标客户群。

对销售人员来说，最头疼的一件事就是如何从茫茫人海中找到准客户，这也是销售活动的第一步。

现在，谈得越来越多的是“MAN”法则。M 即 money，代表金钱，也就是说准客户所具备的购买能力；A 即 authority，代表决定权，也就是准客户是否对购买行为有建议、决定或反对的权利；N 即 need，代表需求，是指准客户是否对产品或服务有需求。

销售人员需要从以上这三个维度来考量客户，评估其作为准客户的“价值”。一般来说，客户可以按此划分为几种不同的类型：

理想的销售对象——有实际需求、有购买能力、有决策能力。

优先发展的销售对象——无实际需求、有购买能力、有决策能力。

可发展的销售对象——有实际需求、无购买能力、有决策能力。

可利用的销售对象——有实际需求、有购买能力、无决策能力；无实际需求、有购买能力、无决策能力；有实际需求、无购买能力、无决策能力。

基本无用的销售对象——无实际需求、无购买能力、无决策能力。

很多销售人员最后未能成单的原因就是找错了人，比如说找了一个没有购买决策的人，或者找了一个没有实际需求的人。

有一位汽车销售员，刚开始卖车时，老板给他定了30天的试用期，29天过去了，他一部车都没有卖掉。最后一天他起了个大早，到各处去销

售，到了下班时间还是没有人买车，老板准备收回他的车钥匙，然而这位销售人员却不肯放弃并坚持说，还没有到晚上12点，自己还有机会，于是这位销售人员坐在车里继续等。

午夜时分，传来了敲门声。是一个卖锅者，身上挂满了锅，冻得浑身发抖。卖锅者看见车里有灯，想问问车主是否要买一口锅。

销售人员看见这个家伙比自己还落魄，就请他坐到自己的车里来取暖，并递上热咖啡，两人开始聊天，这位销售人员问："如果我买了你的锅，接下来你会怎么做？卖锅者说继续赶路，卖下一口锅。"

销售人员又问："全部卖完以后呢？"

卖锅者回答说："回家再背几十口锅接着卖。"销售人员继续问："如果你想使自己的锅越卖越多，越卖越远，你该怎么办？"卖锅者说那就得考虑买部车，不过现在买不起。

两人越聊越起劲，天亮时这位卖锅者订了一部车，提货时间是五个月以后，订金是一口锅的钱。因为有了这张订单，销售人员被老板留了下来。

销售人员对5个月后卖锅者有能力买走车几乎不抱任何信心，所以在卖锅者身上没有花费太大的精力和时间。

卖锅者在卖锅的过程中，把新结识的客户源源不断地介绍给这位卖车的销售人员。刚开始销售人员为增多了许多客户资源窃喜，但没过几天就发现，卖锅者介绍给他的客户中几乎有一半是无效客户，有的客户压根就没有买车的意愿，有的客户虽有买车的意愿但没有财力买车。

销售人员想了个办法。卖锅者再介绍客户给他时，他先不急于拜访，而是先多多收集客户的背景资料，然后根据客户的背景资料对客户进行分析、筛选，筛选剩下来的客户是他认为最有可能买车的客户，他再逐一去拜访、销售，结果真的谈成了两个订单。

5个月后，卖锅者沮丧地告诉销售人员，他没有能力买走那部已经预订的车，但销售人员没有生气，反而欣喜地买走了他的一口锅。

销售的前提是要找准商品的定位，找出最有可能性购买该产品的目标客户群。销售人员可以通过选择目标客户群找出最佳的潜在客户群，这是提高绩效的指南。顶尖的销售都会把80%的精力放在那20%的A级客户身上。

要成为一个顶尖的销售，应先做好资讯的搜集工作，寻找符合购买条件的潜在客户，然后才是销售产品或服务的过程。

这一步非常重要，却往往被很多销售人员忽视。他们在还没有搞清楚对方是否有此需求或是否有能力购买之前，就耗费了许多宝贵的时间去说服他购买，到最后才恍然大悟根本弄错了对象，但这时已悔之晚矣。

“做对的事情”比“把事情做对”更重要。销售人员必须在开始工作时，就选择真正符合购买条件的潜在客户，继而针对他们来进行销售动作，才会得到最佳的回报。

所谓“符合购买条件”的潜在客户就是此前提到的通过“MAN法则”筛选出来的。就是有明显的需求，有足够的预算，有能够引领销售人员去接触认识对采购决策有影响力的人。当然，那些过去曾经购买而且将来还可能重复订购的老客户也是“符合购买条件”的潜在客户，甚至可能是优质客户。

找准谁是符合购买条件的潜在客户之后，应再继续搜集其他相关资讯。这些潜在客户在哪里活动？在哪里工作？在什么场合谈生意？到哪里去寻找这些潜在客户的名单？到哪里可以接触到这一群人？然后再进一步了解他们为什么要购买，他们为什么会愿意向你购买，而不去向别人购买？

一般而言，一旦掌握到这些资讯的重点，销售人员就可以胸有成竹地进行下一个步骤。但是，在真正开始安排下一个步骤之前，你仍应不断大胆假设、小心求证：“他的确是我的潜在客户吗？他值得我再把宝贵的时间投入吗?”

可以说，资讯的补充是销售人员随时随地都需要注意的。否则可能提供不适合的产品或服务，无法真正满足客户的需要，也不能为他解决问题，到最后仍然得不到订单白忙一场。

一个提高销售业绩的好办法是，将目标客户层分类分级，研究、判断购买的可能性大小。A 级客户要优先拜访，B 级客户不忘督促，C 级客户有空再拜访。以有效率的客户分类之作业方式进行拜访和销售，业绩就会快速提升。

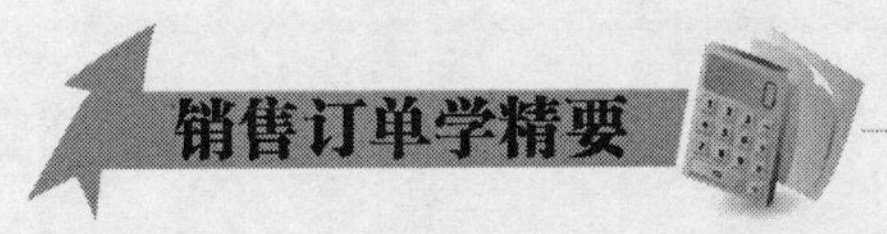

寻找准客户的实用方法

1. 缘故法——将产品直接推荐给你的亲戚好友，如果他是结过婚的，还包括他太太方面的姻亲。

2. 介绍法——请求缘故关系或现有客户为你作介绍，推荐他们的熟人做你的准主顾。介绍法和缘故法都是建立在良好的人缘基础上，所以成功率比较大。

3. 陌生拜访——寻找好拜访对象，直接上门拜访，这种方法是销售人员长期生存之道，挫折感很强，但也最能锻炼人。

4. DM 法——制作经过特别创意设计的，具有吸引力与感染力的宣传资料，大量寄发给潜在的客户，或者为一些特定的准主顾亲笔写促销信函。

5. 团体开拓法——可选一家少则数十人，多则上百人，而且相对稳定的企事业单位做销售基地，并定人定时定点进行服务和销售活动。

6. 社交活动法——一个好的销售人员要懂得随时随地寻找准客户。社交活动就是寻找准客户的最佳时机，比如：座谈会、演讲会、音乐会、喜宴、沙龙等。

关键时刻，抓“大”放“小”

“一次良好的撤退，应和一次伟大的胜利一样受到奖赏。”这是瑞士军事理论家菲米尼的决策理念，是指为实现一定目标，从两个或两个以上的可行方案中选择一个最佳方案的分析判断过程。同理，当一位销售人员每天面对大大小小的单子时，这种决策意识将在很大程度上影响你的成功率和业绩总额。

如果你销售的产品或服务是那种客户可能不断回头，向你重复购买同样或不同的产品或服务，那么你需要意识到，你需要尽最大努力将客户纳入你的交易体系。为此，在保本或者根本是损失的情况下来赢得客户，就是一种有效的销售手段。

这种抓“大”放“小”的手段经常被销售人员所忽略或低估，其实着眼于可以带来扎实利益的未来，这种销售方式是非常明智的。

有一家做冷暖气空调维修生意的公司，年交易总额高达 6 000 万美元。但整个事业其实是建筑在一个非常简单的前提上。销售人员每年春夏季时，以 20 美元的价格替客户维修空调系统，事实上这些服务的成本高达 30 美元。那么，到底是何道理让他们愿意每接一个客户就损失 10 美元呢？

这家公司的统计显示，约有一半的客户在享受20美元的维修服务后会发现需要马上解决的问题，这通常将带来至少125美元的额外工作。而且，这些问题通常是在维修的过程中发现的。虽然公司在一开始的时候损失了10美元，但是通常会在离开客户的房子前就把这笔损失赚回来。同时，这种方式带来的新客户，有一半都会成为长期付费的熟客。

将阻挡潜在客户的障碍降至最低，将入门的费用和风险降至最低，这将给销售人员带来可预期的丰厚利润。记住，将注意力集中在未来，为客户和自己创造一个合作的机会。

汽车销售人员常常积极而实际地应用抓“大”放“小”的策略。在销售汽车时，给客户更多的折扣和服务，就会带来更多的销售机会——汽车音响、天窗、汽车电话、延长的原厂保证等各种除了基本配备之外的选项。

如你所知，在消费者决定要买一台轿车、卡车或厢型车后，通常他们马上就会跟进采购其他设备。这是因为汽车买主并不是只购买了一组轮胎而已，而是一套完整的个人运输方案：他们不只是购买方便及机动上的方便，还加上一种生活幸福的感觉、一个他们渴望的旅行生活方式。

这样双方都会从购买行为中受益，客户更可以获得比较好的利益或结果，而在许多的案例中，这些汽车销售人员从出售这些后期商品中所获得的利润，可能比卖车还多。

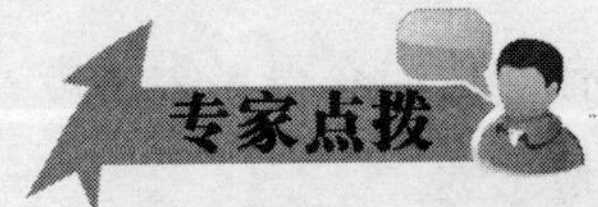

如果销售人员能使用一种合理的策略来扫除进入新关系发展中的障碍，它不仅能带来生产还能够给销售人员带来成就感，又对销售人员以后的职业生涯有很大的帮助。

部分生意的获利，都是靠着那些成年累月来一再光顾、重复采购的客户。当然，所有这些重复上门的交易会让你获利良多。然而如果你在一开始就无法吸引这些客户上门，那你的获利情况就会十分贫瘠。

如果你在本月及往后每个月都能带进 10 个、110 个，或 1 010 个的客户，对你的生意价值有怎样的影响？即使你在第一次的交易中一毛不赚，但你在以后的重复交易中是不是可以获利多多？

以下三项是可以帮助你为客户获得较大利益的简单技巧，这通常会给他们带来折扣，同时也会给你们双方带来良好的关系，使他们在你这里投注更多的现金。

第一，增加产品及服务

提供机会，让客户除向你购买基本商品外，再增购相关物品，也就是将这些产品合在一起，会增加满意的程度，或明显产生更完整的、方便的、有效率的结果。

第二，增加数量或时间的选择

帮助你的客户决定向你采购最好的品质级别及最佳的数量产品，或是他们希望某项服务要自动持续多久。不要限制他们选择比其所需品质更差、数量更少或使用期限更短的选项。

第三，增加组合

让你的客户们有机会在一次性的采购决定下，去购买商品及服务的组合，可以帮助他们获得较满意的最终成果。你会注意到我们强调客户想要的最终成果。因为在商界的一些人，往往忽略了客户们并不是在购买产品或服务，人们是来购买最后的成果。

客户向你购买产品或服务，是因为他们相信有助他们获得更大的方便、安全、愉悦、经济、成就，或者只是简单的自尊感觉。

这也就是为何产品和服务的“加码”是如此重要。简而言之，你需要努力提供给客户更多的价值及满意。这会造成更多的购买行为及更多的生意机会。

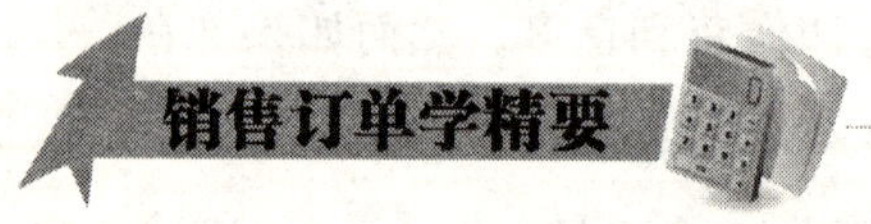

有趣的250定律

每个人的葬礼，都大概会有250个亲戚朋友出席。而每对夫妻的婚礼，新郎新娘双方也大概各会有250人出席。

这250人只是个平均数，有的人则会有更多的朋友，远远超过这个数字。

不要小瞧了这个数字。你想想，如果你得罪了一个客户，也就得罪了另外的250个客户，而这250个客户每人又都有250个朋友，这样推

算下去，就远远不止 250 人了，其结果是相当惊人的。假定你一个星期拜访 50 个客户，其中有两个对你的态度表示不满，这样到了年底，就会有 500 人受到这两名客户的影响。假定你每个星期都得罪两名客户，使他们不开心，到了年底，受他们影响的客户就是 26 000 人。如果这样持续 10 年呢，那就是 26 万！而很多人做销售往往不止 10 年，以 20 年算，那就是 52 万人！也许每周你还不止得罪两名客户，想想看，你已经得罪了多少人！

主动和七类客户说再见

不是所有的人最终都可以成为你的客户，但你的努力必须从所有人开始。也就是说，你总要通过拒绝和接受来揭开谁是你的最终客户这一真相。而这个过程中，最关键的决定就是你该拒绝哪些人。

如果一个人说："好的，我要做你的客户"，这代表着你往往需要耗费无穷的精力、财力和人力才能克尽其功。你不能浪费时间和金钱在那些并非真正有兴趣的人身上，因为你所真正需要的是质量较高的潜在客户，而非追求更高的客户量。因为客户总量在真正开发客户的过程中并不重要，重要的是客户质量和转换率。换句话说，你也需要挑选你的客户。

销售人员需要对客户进行合理的筛选和删除，前提是对客户进行全面的成本收益分析，并以客户最终为自己创造的价值作为是否保留的重要标准。与重点客户建立牢固的战略合作伙伴关系，主动清除"无价值"客户，这是销售人员一项必不可少的功课。

近来，销售人员小李的业绩不如人意。接待新客户之前，他心里一直在念着只许成功，不许失败。由于是与客户的第一次接触，在没有清楚了

解客户的需求之前小李不敢随便出手，很担心把事情搞砸了，出于这种考虑，他准备了几种方案来迎接客户的到来。

接待客户都是按照常规进行，表面上看一切都是那么自然。经过与客户的交流，加上这么多年的行业经验，很快就锁定了客户的需求，小李顺理成章地抛出了自己的一个方案，当时的客户参与人员都有种热血沸腾的感觉，好像终于找到了知音，场面上会使双方都很激动。出于职业的考虑，当时小李的判断却出现了几点顾虑。

也因为这几点顾虑，客户走后小李并没有急于联系他们，况且客户回去后也是要消化一段时间的。

过了几天客户却主动打电话过来联系小李，经过两个来回，小李判断的迹象慢慢浮出水面。

尽管客户一再要求之下，小李却只提供了一份简单的方案，他也知道后面将要发生什么事情，虽然销售压力很大，但在客户第二次催小李报价和要具体方案时，他还是通过一封邮件委婉地拒绝了他们的要求，放弃了这次合作的机会。

小李的理由是：首先，客户没有真正想好自己的需求，如果接单会给企业和实施团队带来很大的压力；其次，作为一个大型企业的重要采购项目，却没有一位高层人员参加，在这样一个跨部门、多层面、多种业务状态并存的情况下，项目实施是很难成功的。最后，就是没有相应的费用作保障，这样的项目不能做。

不可否认的是，客户是销售人员安身立命的基础。一直以来，销售人员都以让目标客户满意作为销售的终极目标。但是，你需要让所有客户满意吗？你能让所有客户满意吗？答案是否定的。

客户的价值观各不相同，需要的产品和服务也不同，因此让所有客户满意的成本非常高，而客户并不会因此而带给我们较高的利润回报。销售人员应该将有限资源用在最有价值的客户身上，抓住成功的机遇。

你不必等到客户有大量应收款，合作信用降到冰点时；也不必等到在大客户身上严重亏损，大客户成为鸡肋时；更不必等到客户四处窜货，价格战风生水起时才终止合作。如有以下几种情况，你必须主动说再见，终止服务。

第一，不赚钱的大客户

大客户是销售人员心中永远解不开的结。一方面大客户强大的销售网络和销售能力是每个企业都关注和争取的焦点；另一方面大客户的店大欺客与生俱来。它们总是不断地要政策要费用，却不能好好执行厂家的政策与思路，价格战与窜货总是从大客户开始。但对其销售进行评估，你常会发现大多数大客户是亏损或接近亏损的。而这时的销售人员一般因为没有科学的客户评估标准，加上销售技能较差，总会签下一个又一个不合理合同。现在商业来往不过是对利益的重新分配，任何不合理的分配方式都不

可能长久。如果所有的沟通与交流都无法改变这种合作关系，说再见就是最好的解决方法。

第二，经营战略发生改变的客户

客户的经营若不断发生改变，你就必须根据客户的变化不断调整你的产品和服务。因为客户的经营一旦改变，可能你曾经对他具有的重要性就已经丧失，甚至成为其发展的包袱。因此，他给你的支持会越来越少，你的订单量也会一落千丈。如一个经营百货产品的日化专业店，改为以美容护理为主的美容院，如果你没有功效特别突出的产品可以替换，就只能与他说再见。

第三，不回款的客户

销售没有回款，一切都将功败垂成。作为销售最后的冲刺，很多企业都对销售回款工作高度重视，建立了系统的销售回款预警机制。但是很多销售人员因情感因素，总不忍心向客户说再见（特别是以前有成功合作史的客户），同时不愿损失已销售的货款，对信誉差的客户心存幻想，回款一拖再拖，最后一分钱也收不回来。对一个拖款不付的客户，除了说再见之外没有更好的解决方法。

第四，没有学习能力的客户

经销商必须掌握现代化的营销理念。目前市场的一大特点是变化快，市场的多元化需要客户不断学习创新，以适应不断变化的市场。那些不求进取的客户，那些取得了一点成绩就不知天高地厚的客户，你最好尽早与他说再见。

第五，经营成本太高的小客户

有一部分小客户，合作条件不高，也有利于管理，但是其经营成本非常高，为其支付的费用远远大于其产生的销售额，这样的客户你最好也尽早与之说再见。面对小客户，除了你能找到更优化的管理方式，除了有特别针对小客户的销售方案和降低成本的方法，除了你认定该客户有很大的发展潜力外，其他的最好果断说再见。

第六，违法经营的客户和不道德的客户

随着市场的规范和成熟，企业的经营必然受法律和道德的双重约束。企业的经营行为在道德和法律层面上必须有底线，只要客户经营中有违背道德和法律精神的，无论有多大的利益，最好作出取舍，千万不要被短期利益所蒙蔽。

第七，不遵守游戏规则的客户

合作过程中，对共同制定的规则的遵守是持续合作的基础。有些客户太以自我为中心，不按游戏规则出牌。在不断规范化的市场中，销售人员要准备好向那些不遵守规则的客户说再见。

当然，和客户说再见必须运用正确的方法。请记住三条原则：

1. 以委婉的方式告别；

2. 不要将客户当做敌人，要留有余地；

3. 不定期地联络，积淀人脉总有好处。

对客户说“不”的技巧

1. 说“不”一定要讲究技巧，首先我们的态度要和蔼，要有理有据，同时立场要坚定。

2. 要勇于说出自己的“苦衷”，以求得客户的理解。有的时候不妨适当夸张一些。

3. 拉近与客户的距离，使客户主动站在你的立场上考虑问题。这种“认亲”的做法，非常有效，值得借鉴。

4. 委婉、技巧地说“不”，既表达了自己的想法，也让客户觉得是为他着想。

5. 幽默与自嘲是缓解紧张气氛的好办法，也能赢得客户的理解、同情。

6. 说“不”之后的后续服务非常重要。及时有效的后续服务，使客户完全感觉不到自己刚才被拒绝过了。

7. 很多时候说“不”的目的，不是为了拒绝客户，而是为了让客户接受，为了更好地服务，为了培养忠实客户。

把时间花在有价值的"订单"上

如果你能够在一定时间内，做与别人不一样的事情，做比别人更有效率的事情，做比别人更好的事情，做比别人更多的事情，那最终的胜利一定是属于你的！

每个客户的价值并不相同。销售人员是要卖给一万个客户每人一件，还是卖给一个客户一万件，该选择哪一个不言而喻。找到并维系好大客户，是很多成功销售的生存秘诀。

作为一个销售人员，没有谁比你更清楚自己到底拥有多少客户，每天从你手上经过的客户又有多少个，你首先需要做的是掌握他们所有的资料，把他们都编入你的关注名单，并且施以行动。

对于已有的大客户，你应时时关注，及时更新资料，比客户更了解他们自己。你需要了解他们的采购流程、采购习惯、采购方法、采购要求、服务要求，甚至了解他们的采购周期，在他们还没有反应过来的时候，提醒他们的需求。让你的关心恰到好处，不缺不溢。这也有助于销售人员适应时时变化的市场环境。瞬息万变的市场，谁也说不清楚未来会发生怎样的变化。紧跟你的大客户，有助于根据市场的变化快速作出反应，在第一

时间抓到最有价值的订单。

而当一个潜在大客户成功地成为你的大客户之后，这意味着你又多了一条好走的路。通过他，你可以增添新的信息链，找到更多新的潜在大客户。

某学校要购买名牌名厂的桶装水，销售人员先得知这个消息后，从侧面了解到该学校购买桶装水的目的是为了消除学生们对学校供水方式的不满和在宿舍内使用电热烧水器的隐患。

这样一来，销售人员明白“名牌名厂”指的是质量要有保障，而“价格便宜”是出于学校因为建新办公楼，削减了采购经费。了解到客户的真实需求，该销售人员又对市面上的桶装水行业做了详细的分析，原来各种桶装水价格不同主要是由于品牌价格以及所采用的桶的价格不同造成的。弄清了这些，该销售人员最终将市面上水质差距较大的几种水送到客户面前，通过让客户亲自体验，并向客户说明造成价格不同的因素主要是包装桶的价格导致的，引导客户淡化品牌因素，最终轻而易举地以质优价廉的桶装水与该学校达成了协议。

就这样，这位销售人员得到了学校长期的大批量订单。你说，他的付出是不是得到了最大的回报呢？

培养大客户对销售人员来说至关重要——成功，多一个朋友多一条路；失败，则少一个客户，甚至丧失了更多的信息链和更多的客户。培养大客户需要注意以下几个要点。

第一，真正了解培养潜在大客户这项工作

培养潜在大客户和其他工作有很大区别，是很辛苦但这条路又不得不走，销售人员千万不能因为辛苦就直接跳过，如果你跳过，那大客户也会直接跳过你，走入别人的怀抱。

第二，坚持就是胜利，你期待的事情总会好转

你也许会频繁失败，吃闭门羹，但必须知道自己在做什么，走好有价值的每一步，失败总会过去。

第三，培养需要技巧

所谓技巧，便是你省力的好武器，潜在大客户需要什么？应该用什么样的技巧，应该如何用，都需要不断把握。

第四，明白什么该说什么该做

潜在大客户的一个最大的特点就是心理较敏感，你的所说所做都会让他在心理上形成防线，一旦说错、做错，一个机遇也就被你扼杀掉了，潜在大客户也应该与你说再见了。

第五，做到最好

面对潜在大客户，你需要不断地反省，你的销售功课做得够好吗？面对客户，你想说的说了吗？你不该说的漏了吗？你的销售 SOP 够完美吗？

第六，成功培养一个潜在大客户之后，你的工作才刚刚开始

如果你忘了要求他为你推荐新客户，你就犯了个严重的错误。

第七，千万不要忘了你的真诚

真诚不是短暂的，而是永恒的。

第八，注意细节

人们都说“细节决定成败”，细节在哪里，就在你遗漏掉的手边资料里。

第九，不忘维护你的大客户

你是否能感觉，被别人惦记和收到别人的问候是件幸福的事，你又是否记得，你丢掉了多少这样能让你的客户幸福的机会?

我们知道，发展一个新客户所花的费用是锁定一个老客户所需费用的几倍，除此之外，你还要承担随时失败的危险。培养一个大客户会花费你很多的努力，所以接下来你需要做的是锁定你的大客户，不断地重复一切你可以重复的东西，比如整理你的大客户资料，找到曾经忽略的细节，重新拜访和联络你的大客户，让他们不知不觉地依赖你，带给你更多的商机。

锁定大客户，把时间花在有价值的订单上，你会发现你的职业道路会更扎实、稳健，让你更有底气。

给你的潜在客户打分

客户也是有优劣之分的。与你对话的客户如果拥有越多的以下的特质，他就是你目前及未来事业最有价值的客户。

1. 对你的产品与服务有迫切的需求。

2. 你的产品服务与客户使用计划之间有成本效益关系。

3. 对你的行业、产品或服务持肯定的态度。

4. 有给你大订单的可能。

5. 财务稳健、付款迅速。

锁定关键决策人

当你要面对的客户不是一个人而是一个项目组织的时候，你的成单结果就不只是单单由一个人决定，而是会受到一系列人物角色的影响。而你要想快速取得成功，就要多影响那些具有影响力的人。

在销售工作中，常常看到一些销售人员愁眉苦脸不知工作如何进展，常常听到一些销售人员唉声叹气又让对手抢去订单。他们并非没有付出辛苦，但是拿不到订单就意味着销售工作的失败。

在此需要强调的是，销售人员必须向可以作出购买决策的权力人销售。如果你的销售对象没有权力说“买”的话，你是不可能卖出任何产品的。当然一些订单往往不是一个人就能决断的。我们将具有一定决策权力的人称为“关键决策人”。上述失败现象往往都是由于销售人员没有锁定关键决策人造成的。

销售人员只有将关键决策人一网打尽，才能减少障碍，确保成交。销售时，只要有一个或一个以上的买者身份不明晰或者从未拜访过，就极有可能陷入销售雷区导致全军覆没。盲目乐观、步入雷区而不自知，是销售中最危险的倾向。因此，作为一名销售人员，首先对客户组织参与购买人员作一个全面分析，然后去攻关决策人。

某销售员获悉D市职业介绍所将启动某系统软件项目，项目的负责人是职介所H主任。H主任在劳动部门工作二十多年，在该行业有较高的威望，为人较正直，性格直爽，做事雷厉风行，不易接近。

经过初次拜访，销售员首先将集团公司实力及技术介绍给H主任，给他留下了良好的印象。

下一步，销售员利用陪同H主任参加某研讨会的机会，不但拉近彼此距离，还通过他做其他采购单位的工作。会后，销售员邀请H主任到公司总部参观。

经过这番陪同，销售员不仅和H主任结下了深厚的交情，而且和其他几个试点单位领导都有了较深入的了解。此后，销售员又拜访了各位领导，轻松地拿下了其他试点单位的项目。

面向企业客户，销售过程中你可能会与一个由专职的采购员和非专职的采购员组成的“采购小组”打交道。“采购小组”通常由以下几种人组成：使用者，产品的使用人员，他们对购买产品的品种、规格起重要作用；影响者，企业内外部直接或间接影响购买决策的人员，起协助作用，如财务部、技术部等影响者；采购者，执行购买任务的人，参与谈判，在价格和一些特殊要求方面起重要作用；决定者，有批准购买权力的人；控制者，是外部与内部信息的传递者。

当然，并不是所有的企业采购任何产品都必需上述5种人员参加决策。一个企业采购中心的规模和参加的人员，会因欲购产品种类的不同和企业

自身规模的大小及企业组织结构不同而有所区别。

你需要做的是满足关键决策人的需求，尽量让他们的态度趋于一致。在很多情况下，特别是面向大客户的销售，决定成交的往往不是一个人，而是一群人。只要把客户内部的几类决策关键人一网打尽，你成功的概率就会变大。

需求是购买的直接动机，如果关键人对于你的产品没什么需求，对于你所在的企业似乎也没有研究或关注过，那么你的销售就很可能失败。所以，我们在与客户的关键人接触时，首先就是去了解他们的需求，并满足他们的需求。

销售时应分别分析几类关键决策人的需求，对不同的人用不同的方法去满足。比如，决策者更注重购买对公司发展的影响，以及能否解决问题、提高效率、降低成本；使用者更注重能否圆满完成工作（方便、质量、服务）；技术把关者更注重产品的稳定性，性能指标的好坏，是否能帮公司省钱和是否能带来效益；而引线人则在注重产品性能好坏的同时，更注重销售人员的信任度，因为在大部分情况下，也关系到其自身的利益。因此，销售人员必须了解这 4 类人的不同需求并针对这些需求给予满足，成交才有可能。

同时，关键决策人是否持比较开放的态度，也是销售进程好坏的一个“晴雨表”。尤其是几个供应商并存时，他是否对你持开放的态度，是否愿意和你聊一聊，可以反映出你最终是否成交的可能性。倘若客户对待你的态度不够开放，应该及时找出原因，并加以改进。

有时候，几位决策人的意见不一致，这就像是成交之门上的一把锁。作为销售人员，你必须将那把合适的钥匙找到。这时候，你需要充分运用线人的作用。在很多时候，一个你没太注意的人，他说的一句关键的话，就能帮你把卖点和买点找出来。你再将卖点和买点提供给决策者，就可以实现“山重水复疑无路，柳暗花明又一村”的结果了，这也是销售的一种境界。

最后，如果能结交客户组织中的高层人物，如公司老总、采购部经理等，并与他们建立起良好的关系，无疑会促进成交。那么，如何才能结交到这些高层人物呢？以下几个方法可供借鉴：

（1）到高层们在工作之外时常聚集的地方去。

（2）如果你已经成功地与某家公司的高管有了正面接触，就可以借机会请求对方将你推荐给别的公司的高层经理。

（3）当接触的只是公司较低层级的经理时，也可能有机会通过层层引见来结识高层，不过具体怎么做是需要一些技巧的。但如果这名低层经理认为你是因为觉得他的学识或权力不够，才要见高层，那么要求很可能被拒绝。如果提供的产品或服务真的能对他们公司的长期目标产生影响，并且只有高层经理才能提供相应信息，那么低层经理会愿意引见。

（4）大多数高管人员都非常看重自己的身份，如果给他们打电话的是你们公司的总裁而非一个普通的销售代表，他可能会更乐于接受。

此外，在结交高层管理者时，还应该注意三个问题：

（1）高层管理者希望前来销售的销售人员对他们的公司有一个详细的了解，包括：了解公司的长期战略与愿景；对整个行业的了解，包括知道该行业中的主要企业有哪些，通晓行业术语，了解行业的平均利润、市场情况及未来走势，了解行业的产品研发情况等；对公司的市场份额、直接竞争对手及客户了如指掌。

（2）销售人员喜欢在客户公司较低层级的经理当中打造关系网，作一些实地调查，但是这样做可能适得其反。因为你在对方公司的较低层级营造了诸多关系，将来可能就会有人阻挠你去接触他们公司的大老板。

（3）小人物也能办大事，大多数时候我们认为最关键的那个人一定是企业里职位最高、最有权威的人，认为只要把他搞定了，就一切好办。而对于一些看似不太重要的人，我们往往置之不理。这种想法有时是正确的，但不是在所有的情况下都适用。在某些时候，最关键的那个人正好是一个不太起眼的人。小人物也有办大事的时候，有时候能助我们马到成功。

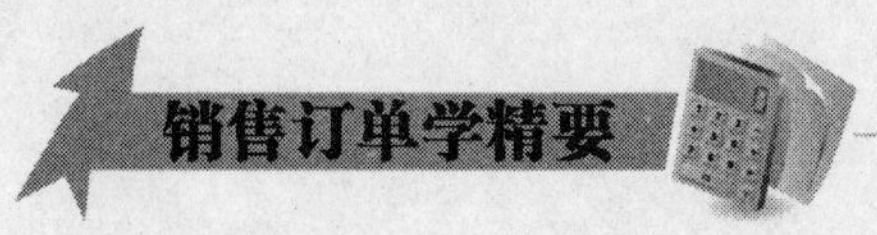

看透你将面对的五类决策人

凭着对1 700位商界经理人缜密调查的结果，人们发现所有决策人都属于五种决策类型中的一种。所以，销售人员唯有确定决策人的类型，才能量体编撰销售方案，准备好说服的策略。

开创型经理人，代表人物是杰克·韦尔奇和欧普拉·温弗丽。这类人容易接受新想法，但在其他人没有对新想法作出全面评估和审议之前，他们绝不轻举妄动。

思考型经理人，代表人物是比尔·盖茨和迈克尔·戴尔。这类人谨慎小心，思维缜密，在作出决策前，通常要从正反两个方面对方案进行透彻论证，力求做到万无一失。

怀疑型经理人，代表人物是拉里·艾利森和泰德·特纳。这类人对任何一条信息都持怀疑态度。

继承型经理人，代表人物是卡莉·费奥瑞纳和皮特·库尔斯。这类人主要以其深信不疑的经理人的成功经验为蓝本来制定决策。

权力型经理人，代表人物是玛莎·斯图尔特和罗斯·佩罗。这类人事必躬亲，对决策过程的方方面面都不放权。任何一种想法未经他们的同意，就不能付诸实施。

第三章

踩在成功的点上——挖掘客户需求的有效战术

“客户的需求是什么?”这是每位销售人员最为关心的重点。只有找到客户的需求，销售工作才能像一艘找到航线的船只，坚定而有力地前行。

客户的需求一般可以分为两种，客户说出来的、明显的，以及客户没有说出来的，甚至客户自己都无法清晰描述的。这些需求都需要销售人员应用绝妙的技巧加以挖掘。

找准客户的需求，你才找准了成功的方向!

深入调研，点准客户的最痒穴

销售人员最主要的工作，就是找出客户购买此种产品的主要诱因是什么，以及客户不购买这种产品最主要的抗拒点是什么，然后才开始真正的销售。

所谓客户需求，就是指客户用于满足自身价值所需要的产品及相关服务。现在，客户需求管理已经被广泛接受为销售的核心内容之一。

了解客户需求是每个销售人员的必要以及重要任务。销售人员的每次销售拜访都会有一个目的，而大多数拜访的目的都可以归纳为了解客户需求。也许最后一次拜访是为了成单，但是在那之前的很多拜访都是为了不断深入地了解客户的需求。

在销售准备阶段，销售人员就需要尽可能地明确潜在客户都是什么样的人，结合资料想象出他们的具体情况，了解他们做什么、想什么和需要什么。

乔·吉拉德曾表示，销售人员最主要的工作，就是找出客户购买此种产品的主要诱因是什么，以及客户不购买这种产品最主要的抗拒点是什么。

一位房地产销售人员，带着一对夫妻去看一幢房子。

当这对夫妇进入这间房子的院子时，他们发现房子的后院有一棵非常漂亮的樱桃树，销售人员注意到太太非常兴奋地对她的丈夫说："您看，这院里的这棵樱桃树真漂亮！"

当他们走进房子的客厅时，他们显然对客厅陈旧的地板有些不太满意。这时，销售人员就对他们说："是啊，这客厅的地板的确是不太新，但您知道吗？这栋房子最大的优点就是，当您从这间客厅向窗外望去，可以看到那棵漂亮的樱桃树！"

当他们走进厨房时，太太又抱怨厨房的设备过于陈旧，销售人员接着又说："是啊，但是当您在这里做晚餐的时候，您可以在这里看到那棵非常美丽的樱桃树！"

不论这对夫妇指出这栋房子有多少缺点，这个销售人员都一直重复地

说："是啊，这栋房子是算不上很完美，但您二位知道吗？这房子有一个优点是其他房子所没有的，那就是不论您从任何一个房间里向外望，您都可以看到那棵特别美丽的樱桃树！"

当然，最后的结果是，这对夫妇花了50万元买下了那棵"樱桃树"。

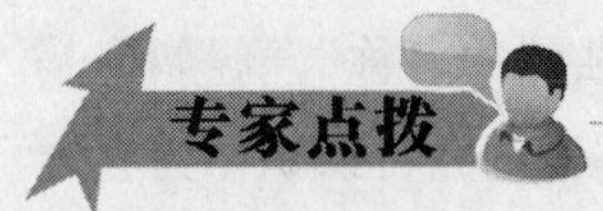

从研究方法来看，客户需求的调研更多地依赖质性研究，而以量化研究为辅，以便统筹描述和揭示规律。所以，销售人员对于客户需求的调研可以分两步走：先设计质性研究建立框架，再在条件允许的时候对关键因素进行量化研究。

质性研究的入手经常可以从著名的"客户需求六问"开始：

第一，你要问客户，他之所以想购买这种产品的原因及目的是什么？

第二，他以前是否曾经购买过这种产品或类似的产品？

第三，当初是什么原因让他购买这种产品？

第四，他对这种产品的使用经验（或是对产品的印象）是什么？

第五，在购买这种产品时，他最注重（或考虑）的因素是什么？

第六，是否曾经考虑过要换一个供应商？或者在什么样的状况下他会考虑更换供应商？

通过这6个问题，你让客户有足够的时间来谈论他自己，要不了多久，他就会开始告诉你他所真正关心的或真正的需求是什么。

此外，在客户调研过程中，你需要注意遵从以下5个原则。

第一，全面性原则

对于任何已被列入客户范畴的消费者，要全面地定义其几乎所有的需求，全面掌握客户在生活中对于各种产品的需求强度和满足状况。之所以要全面了解，是要让客户生活中的需要完整地体现在你的面前，而且根据客户的全面需要分析其生活习惯、消费偏好、购买能力等相关因素，更为重要的是这种“以全概偏”的了解往往会迷惑客户，刻画出销售人员关心客户、爱护客户的经典形象。

第二，突出性原则

时刻不要忘记销售人员的第一要务是销售产品或服务，帮助客户满足需求。所以要突出产品和客户需求的结合点，清晰地定义出客户的需求，必要的时刻要给客户对本产品的需求形成一个“独特的名称”。假如你是一个躺椅的销售人员，尽可能地让消费者形成对躺椅的独特认识，为它定义出一个别人都没有意识到的“提高生活舒适度需求”等这样的概念。

第三，深入性原则

沟通不能肤浅，否则只能是空谈。对客户需求的定义同样如此，把客户需求的定义认为是简单的购买欲望，或者是单纯的购买过程明显囿于局限，只有深入地了解客户的生活、工作、交往的各个环节，你才会发现他对同一种产品拥有的真正需求。也就是说，要对客户的需求作出清晰的定义，事前工作的深入性是必不可少的。

第四，广泛性原则

广泛性原则不是对某一个特定客户需求定义时的要求，而是要求销售人员在与客户沟通时要了解所有接触客户的需求状况，学会对比分析，差异化地准备自己的相关工具和说服方法。

第五，建议性原则

客户会接受我们的建议，在客户需求的定义过程中同样如此，客户所认同的观念跟我们或多或少地存在一些差异，所以对客户的需求要进行定义只能是“我们认为您的需求是……您认同吗?”

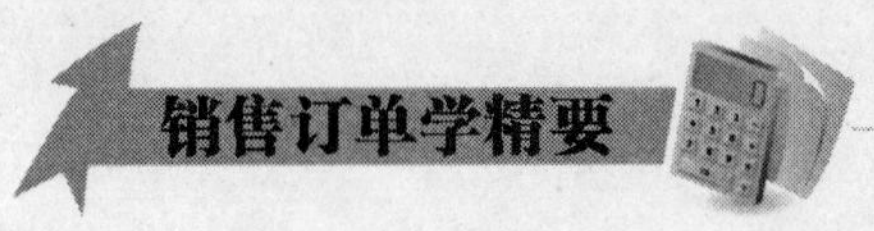

客户需求的调研要随时随地

为什么产品功能与客户需求总是不一致？为什么总是不能达到理想的客户满意度？

每当出现这些问题，就会有人说：需求的前期调研不足。其实，客户需求不是仅仅通过调研能够了解的。单凭几百个样本并不能够完全抽取出客户的核心需求。

了解客户需求不能单依靠市场调研这一种方式，而是需要随时随地关注客户需求。行业变化会产生客户需求，日常的销售反馈就是客户需求，客户的抱怨也是需求，售后服务人员的电话记录单中也有客户需求，研发人员的创新也是客户需求。其实，无论是在市场之内还是市场之外，客户都在不断地表达着他们的需求。因此，只有企业整体时刻保持对客户的关注，才能真正做到了解客户需求。

抽丝剥茧，解冻客户的“冷藏”需求

所有人都有一个习惯——到最后时刻再作决定。只有当问题赤裸裸地摆在眼前时，才去寻找解决问题的办法。我们的客户更是如此，而如果你想为客户解决更多问题，或者让客户迅速决策是否由你来为其解决问题，你能否领先他人一步为客户解决问题，都归于一点：你是否了解到了客户更多的隐藏需求。

客户总是有两组需求，能明确表达的是一种明显需求，了解起来并不困难。还有一种需求，是客户也无法准确描述的，可以定义为隐藏需求，或者被客户“冷藏”起来的需求。很多时候，销售人员能够领先他人一步的原因就在于了解并挖掘出了客户的冷藏需求。

我们把客户对现状的所有不满以及遇到的困难和问题都定义成隐藏需求。而客户对现有设施有了极大的不满、怨恨和困难，并且产生了愿意改善现在工作环境的想法或行动，这就是明显需求。

在传统的销售模式中，由于销售人员只是针对客户的隐藏需求进行销售，客户的购买欲望并不是十分强烈，所以成功率并不是很高。现代销售模式中，销售人员则必须把隐藏需求开发为明显需求以后，才有可能推动

客户的购买流程。

如何促使客户的需求从隐藏需求转变为明显需求？研究表明：当客户觉得问题已经非常严重或者无法忍受的时候，他就会自然而然地产生解决问题的想法和行为，这时隐藏需求就会逐步转为明显需求。

所以销售人员在和客户沟通的时候，一定要灵活运用各种技巧，尽可能使客户的问题变得更加严重和迫切，使其隐藏需求逐步转化为明显需求。当客户出现了明显需求之后，销售也就水到渠成了。

一个中等规模的公司从通用电气购买了大批量个人电脑。我们可能会问，通用电气并不制造电脑，这家公司为什么不直接从制造商那里购买电脑呢？

答案是：制造商只卖电脑，而这种产品很多厂家都能生产。相反，通用电气不仅向这家公司出售电脑，还提供自选配置、附件、服务和融资。

这家公司与客户的联系是电子化的，公司需要电脑来支持对客户的服务，而融资提供了资金的来源，使企业能够更好地匹配收入和支出，进行一项为期三年的技术改造。通用电气看到了这一系列需求，满足了他们的需要，为他们提供了一个解决方案。

在了解客户需求方面，通用电气有自己与众不同的方法。通用电气的销售人员第一次拜访客户时，通常只字不提产品，只是不停地问问题。如，有关企业的设备支出，现在遇到的问题，希望得到什么等等。

尽管所有的销售都在高喊“以客户需求为导向”，但是现实中的客户需求是如此纷繁多样，难以驾驭。

首先，客户需求在宏观层面上展现出多样性，即便是同一家行业的两家企业，其需求也不尽相同。其次，客户的需求并非一成不变，随着市场环境和企业发展的变化，客户总是不断提出新的需求。此外，最令人头痛的是，对于将要购买的产品或服务，客户也往往给不出一个非常精确的描述。

这种情况下，找到客户需求的规律性就显得十分重要了。

心理学家马斯洛将人的需求分为5个层次，同样销售过程中的客户需求也可以分为5个层次，它们从低到高依次是：产品需求、服务需求、体验需求、关系需求、成功需求。

第一，客户的产品需求

类似于人的基本需求衣食住行一样，客户的基本需求与产品有关，包括产品的功能、性能、质量以及产品的价格。一般的客户都希望以较低的价格获得高性能、高质量的产品，并且认为这是最基本的要求。迄今为止，那些购买力较弱的客户仍然以产品质量及价格作为采购的主要依据。

例如在物资供应相对匮乏的时代，客户需求几乎完全以产品需求为主。谁能提供更高性价比的产品，谁就能成功。

第二，客户的服务需求

客户购买力增强，客户需求也水涨船高。人们采购时不再仅仅关注产品，同时还关注产品的售后服务，包括产品的送货上门、安装、调试、培训及维修、退货等服务保证，但这还不够。随着电脑、数码相机等电子产品及软件系统等高科技产品进入人们的生活，客户需求又上了一个台阶。

第三，客户的体验需求

随着旅游、娱乐、培训、互联网等产业的兴起，人们逐渐从工业经济、服务经济时代步入了体验经济时代。客户采购时，不愿意仅仅被动地接受服务商的广告宣传，而是希望先对产品做一番“体验”，如：试用、品尝等，甚至对未经体验的产品说“不”。客户逐渐从单纯被动地采购，转为主动地参与产品的规划、设计、方案的确定，体验创意、设计、决策等过程。

与客户互动的每一个时空点，例如一个电话、一份电子邮件、一次技术交流、一次考察、一顿晚餐等，对客户而言，都是一种体验。体验记忆会长久地保存在客户大脑中。客户愿意为体验付费，因为它美好、难得、非我莫属、不可复制、不可转让、转瞬即逝，它的每一瞬间都是一个“唯一”。客户希望每一次体验感觉愉快、富有成效。可以看出，客户在体验方面的需求不是产品、服务所能替代或涵盖的，是在产品、客户的关系需求与服务需求被满足后产生的更高层次的需求。

第四，客户的关系需求

没有人会否认关系的重要性。客户在购买了称心如意的产品、享受了舒适的服务、得到了愉快的体验的基础上，若能同时结交朋友、扩大社会关系网，一定会喜出望外。“关系”对一个客户的价值在于：获得了社会的信任、尊重和认同，有一种情感上的满足感；在需要或面临困难时，会得到朋友的帮助和关怀；可以与朋友共同分享和交换信息、知识、资源、思想、关系、快乐等；关系的建立一般会经历较长时间的接触和交流、资源的投入、共同的目标、彼此尊重、相互信任、相互关爱、相互理解、相互依赖、信守诺言等过程或要素，因此关系是客户十分珍视的资源。

这也说明为什么客户愿意与熟悉的服务商长期交往，而不愿意与一个可能产品、服务还更优的新的服务商接触；为什么两家产品、服务质量相当，而客户关系不一样的服务商在项目竞标时的境遇会有天壤之别。实际上，这是客户的关系需求在起作用。

第五，客户的成功需求

获得成功是每一个客户的目标，是客户最高级的需求。客户购买产品或服务，都是从属于这一需求的。

作为销售人员，不能仅仅只看见客户的产品、服务需求，更重要的是要能识别和把握客户内在的、高层次的需求，否则不可能赢得商机。

不同的行业、不同的企业，客户的购买力、购买行为可能不尽相同，但是都不同程度地存在着上述5个层次的需求。我们可以运用上述的分析方法，更准确、清晰地识别、判断我们的客户需求主要在哪一个层次上，从而有针对性地规划、实施有关的产品战略、服务战略、客户关系战略等，以此获得自身的成功。

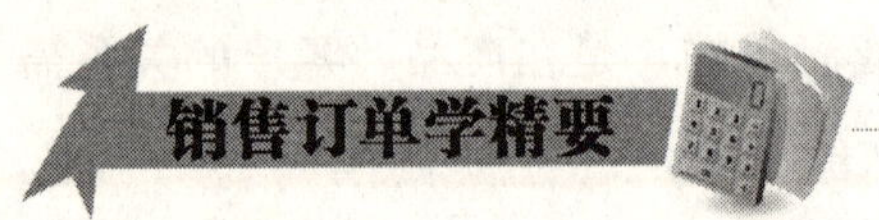

如何挖掘客户的需求

销售是满足需求的过程。成功的销售人员有能力阐述一项产品或是服务如何满足顾客的需要。为了做到这点，你首先必须面对问题，以便知道顾客真正的需求。

1. 不要以介绍产品开场——先问问题。

2. 更深入探究客户遇到的问题。

3. 审核客户的“问题”并提出解决的方法。

4. 建立准客户对自己的信任。

没有两个客户是完全一样的，销售也要尽量差异化，符合每个客户的不同需要。特别需要注意的是，避免一种全知的态度，要扮演一个协助者的角色，协助准客户告诉你事情。如果你和准客户在谈话时是诚恳、友善的，等于在鼓励准客户尽量和你谈。信赖是一条双向道路，你透露一些事情给某人，某人也会透露一些事情给你。在分享你的想法和关心点之后，准客户也会分享他们的给你。

顾问式销售，直接获悉客户需求

任何作决策的人都希望听到更多的建议和意见。而作为需要客户迅速作出决策的销售人员，要等待这一结果的产生不如去推动这一结果的产生，那就是给你的客户更多的参考信息，这样，你不是卖东西给他的人，而帮助他决定是否需要你的建议，让你成为他的顾问。

销售人员不能仅仅停留在产品讲解员和问题解决者的角色定位上，而应该追求成为一名顾问式的销售人员，将客户的需求放在首位，追求和客户的共同发展。顾问式的销售人员扮演了客户的顾问和伙伴的角色，追求双赢，看重互利性。

顾问式销售贯穿于销售活动的整个过程，不是着眼于一次合同的订立，而是长期关系的建立。顾问式销售在实务中的应用，不仅要求销售人员能够始终贯彻以顾客利益为中心的原则，而且要求销售人员坚持感情投入，适当让利于顾客，这样一定能够达到双赢效果，使公司的发展得到良性循环。

由于顾客的购买行为可分为产生需求、收集信息、评估选择、购买决定和购后反应5个过程，因此顾问式销售可以针对顾客的购买行为分为挖

掘潜在客户、拜访客户、筛选客户、掌握客户需求、提供解决方案、成交、销售管理等几个步骤来进行。

作为现代营销的最先进理念，开展顾问式销售对专业的销售人员也提出了一定的要求。对销售人员来说，销售就是一种职业生涯，是一种做人的挑战，是一种激烈竞争，是一种自我管理，所以专业的销售人员在力量、灵活性及耐力等方面需具有较高的素质。

有一位中年妇女独自一人来到吸油烟机柜台边。销售人员面带微笑上前迎接她，对她说："阿姨，您好！请随便看。"然后销售人员注意到客户的目光，看出她对一款机器有比较大的兴趣，于是销售人员带着试探的心理问她，家里是不是在新装修。她的回答是肯定的，同时也告诉销售人员，她不知哪种油烟机吸烟效果更好一些。

销售人员凭着对产品的深入了解加上对她刚才眼神的判断，从试风量到拆涡轮，细心地讲解给她听。再从她那里了解到她厨房的面积，最后告诉她，"阿姨，如果您相信我的话就选购这款机子，绝对不会错的。"不用说，在她的感觉里，她们是不谋而合的。她用灿烂的笑颜对销售人员说："小姑娘，你已经讲解得这么详细了，不信你信谁呀？你再帮我选一款炉具吧。"销售人员当仁不让，马上帮她推荐了最好的一款炉具，她又欣然接受了。

没想到最后客户却说，她今晚没打算买，只是想来看看，也没准备好钱，说过两天一定来买。销售人员虽然心里有些失落感，还是非常高兴地对她说："没问题，很高兴能为您服务。"然后亲切地把她送到商场电梯口。

就在销售人员相当失望的第四天晚上，客户带她老伴来了。一见面，她就笑着说："我把上次从你这里了解到的产品讲给我老伴听，我老伴还没听我说完就说好好，就选这个。哈哈哈，其实昨天我们来过这里，没找到你，我老伴说一定等你在的时候才买，他说你真是个好孩子。"

专家点拨

顾问式销售（consultative selling）是一种全新的销售概念与销售模式，它起源于20世纪90年代，具有丰富的内涵以及清晰的实践性。它是指销售人员以专业销售技巧进行产品介绍的同时，运用分析能力、综合能力、实践能力、创造能力、说服能力来完成客户的要求，并预见客户的未来需求，提出积极建议的销售方法。要做好顾问式销售，必须遵守以下原则：

第一，占据主动

在从事顾问式销售过程中，自信是最大的本钱。你必须具有相应的专业知识和行业知识，有了这些才能在销售过程中表现出充分的自信，而不被客户牵着鼻子走。

你要善于引导客户，把客户的思维引导到自己所要表达的内容上来。对于比较敏感的价格问题，在开始的时候要尽量避开。当客户对你的产品有足够的兴趣后，你要从客户需求的角度出发，在最后才谈到价格话题。例如，你在销售惠普的短版印刷解决方案时，惠普的彩色激光打印机相对而言是不算便宜的，但你要向客户大谈其为客户带来的好处及利益。这样客户在有心购买时，你再说出价格，并且向客户说明价格是可以谈判的，这样才更有利于产品的售出。

第二，坚持诚信

当你面对客户的质疑时，你最好坦白承认其中的不足，并积极做好引导工作。要知道没有任何一个产品是十全十美的，当客户提到其中的不足时，你要坦白承认，并且引导用户认识到购买产品是买其所长，而非其短。例如，就惠普的8550彩色激光打印机而言，短版印刷用户会质疑其在打实色块时铺墨不均。面对这些，你就坦白承认，并且

根据你所掌握的专业及行业知识，为其找到相应的解决方案，帮助其消除疑虑。

第三，尽快解决客户投诉

当遭遇客户投诉时，你要在最短时间内解决问题。如果自己解决不了，你要及时准备向别人，尤其是厂家寻求帮助。不管你取得什么结果，即使你暂时没有找到解决问题的办法，没有取得相应的结果，你也要不断地通知用户你正在做什么，让用户感到你正在为他的事情操心，你正在为他的事情想办法。决不要让用户感觉到你对他及他的问题毫不在乎，如果这样，你就会得罪这个客户，你以前的努力也就会白费。所以，你要了解到沟通的价值，一个好的销售人员，必须善于聆听客户的心声乃至批评，这是一个优秀销售人员的基本素质。例如，你在从事短版印刷的顾问式销售时，与客户沟通时问题要简单明确，不要含糊其辞，尽量使用客户能理解的语言，要尽可能不使用反问句，以避免不必要的误解，问题要尽可能简单以便于用户回答。这样你才会使用户感到满意，才会成为一个合格的销售人员。

第四，抓住重点，要求适当的利润

大家都知道，利润永远都是来自客户，客户是否愿意为你的服务和专业知识付出更多的钱，就看你的表现。永远不要向客户索要过多的利润，那样是很危险的，因为客户会决定着是否要你这个合作伙伴。如果你对厂商有过分的要求，就会引起厂商的不满。你应该去开拓新兴的市场——增值服务。顾问式销售的目的就是通过你的专业知识提出良好的建议，为客户提供增值服务，从而获得相应的利润。如果你比你的竞争对手为客户提供的增值服务成本低，为客户创造更多的价值，你就会获得更好的生存条件。

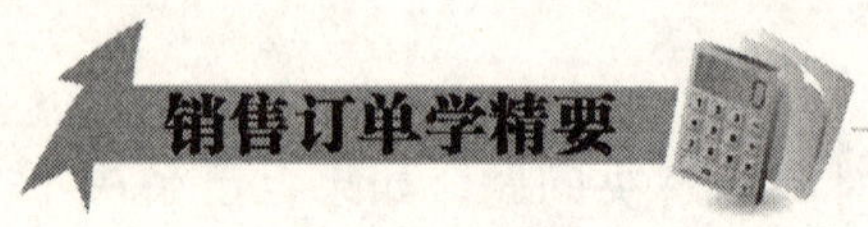

你是否要做顾问型销售

根据研究，在具备以下一个或多个基本条件时，顾问型销售是较好的销售模式：

1. 产品或服务与竞争产品有所差别；
2. 产品或服务能适应客户的需要或按客户需要定制；
3. 客户对产品或服务如何提供解决方案或增加价值并不是完全了解；
4. 产品或服务的发送、安装或使用需要得到卖方同等的支持；
5. 产品或服务存在能证明顾问型销售相对较高的成本是合理的。

当这些条件存在时，意味着销售人员能通过发现新的需要，提供更优的解决方案或扮演客户保护者的角色去创造价值。越复杂的产品或服务，越有可能通过顾问型销售来增加价值，通常这是正确的。

善于倾听，分析客户的购买意向

在生意场上，做一名好听众远比自己夸夸其谈有用得多。如果你对客户的话感兴趣，并且有急切想听下去的愿望，那么你会得到意想不到的机会和有价值的信息，这个时候订单通常会不请自到。

我们每个人每天都处在大量的信息包围之中，但这些信息一般不会自然而然地进入你的头脑中，它必须经过我们的有意捕捉才能获得。这就像河流中的鱼，虽然清晰可见，但你不张网，不动手捕捉，它是不会成为你餐桌上的美味佳肴的。

跟客户谈话也是一样，如果你不注意捕获信息，就会充耳不闻。当各种信息源源不断地通过你的听觉器官或视觉器官进入你的大脑时，就需要你迅速地对接受的信息进行加工处理，挑选出对你有用的信息并作出反应，这些都必须经过“听”才能做到。即使客户跟你谈判时话语很多、很复杂，甚至语无伦次、杂乱无章，但只要你能认真地听，你就能听出他的表达重点，理解他的意思，并对此作出正确的反应。

与客户的谈话是否成功，注意力的调动和保持是一个很重要的因素。旺盛的注意力不仅能使你倾听到客户的言内之音及言外之意，还能获得客户的好感。因为你的态度就如同用无声的语言在告诉他：“我很尊重你，很相信你，你对我所谈的话是非常重要的，我正在专心致志地听。”对于一个尊重并相信他的人，他是绝不会忽视的。

名表专柜前，一位销售人员正在向客户销售手表。这时，她注意到客户手腕佩戴的是一块国产梅花表。

“先生，你现在佩戴的这块表也很好看哦，很经典的。不过看款式，应该是比较早一点的吧。”

“对，我妈妈送给我的，戴了几十年了，很有感情。那时候，手表是很贵重的礼品。”

“那你今天想买一块什么样的表呢？”

"过几天是我妈妈的六十大寿，我想选一个特别的生日礼物送给她。"

销售人员聆听了客户的故事，并迅速作出了以下几个判断。

首先，客户对商品的心理需求倾向于情感层面，感谢母亲这些年为自己的付出，希望能通过礼物向父母表达自己对父母的感激之情。也就是说，情感在这此作为一个商品功能之外的很重要的附加值。什么商品能够表达、渲染出这种亲情，这种商品被购买的可能性就会越高。其次，客户对新手表的比较注重性价比，不太关注是否时尚。

由此，销售人员判断客户的购买清单为情感述求：能表现儿女对父母的亲情孝心；功能述求：能满足年纪较长的老年人的使用需求；价格述求：作为贵重礼品，价格以中高档为宜。

所以，销售人员立即对客户的故事作出了回应："呀，你母亲六十大寿了，真是可喜可贺。我们有专门针对老年人开发的系列产品。上次也有位客户在此购买这款表作为祝寿大礼，深得老人家欢心。请到这边来看一下。"

在销售过程中，客户讲得越多，销售成功的可能性就越高。

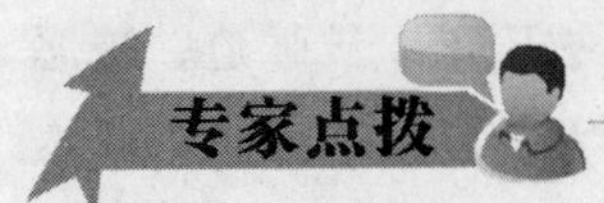

在现代销售舞台上，信息不对称的情况仍然存在。只是现在真正信息滞后的一方却往往是卖方的销售人员。当客户一旦产生了购买需求，他们可以通过越来越广泛的信息渠道（尤其是互联网）了解商品的性能、功效时，而销售人员却没有机会立刻捕捉到对面的这个人的教育背景、收入状况、健康情况、真实的购买意图，这时销售就会陷入一个尴尬的境地。

很多时候，销售人员都会遇到一种尴尬的情况：滔滔不绝地讲了半天，客户频频点头称是，然后再补问一句："可这些跟我有什么关系呢？"

所以，销售的目标是向客户提供以商品为组成元素的解决方案。

这也就是为什么人们有两只耳朵却只有一张嘴的原因，聆听的重要性不言而喻。学习聆听，将让我们收获足够多的信息。可是，在现实销售过程中，销售人员总是急于向客户强迫销售自己商品的卓越功能、优美外观、低廉价格、优质售后服务、强劲网络，却对客户真正的需求一无所知。

那么，销售人员如何才能让客户开口讲述自己的故事，创造聆听的机会呢？善于提出开放性问题、营造安全空间是两个很有用的工具。

想让客户分享他的真实愿望吗？关键在于问对问题。就像每把锁都有配对的钥匙一样，学会问“对”问题将让客户自己按图索骥地找到与商品配对的解决方案。好的问题就像一杯解渴的水，它既有隐含条件——有利于销售人员的预先框设，同时又将答案精准地指向商品所具有的客观功能。

好的问题包括但不限于：客户的购买目的、客户意图解决的问题、客户想要处理的麻烦、客户显而易见感兴趣而且觉得自己很在行的东西等等。

为客户营造安全空间也是个实现聆听的好办法。人们不仅仅在家庭、团队等社会公认的亲密关系中需要安全感，在销售关系中，安全感一样是一项很重要的心理需求。当客户感觉到可能会被压逼、被强迫、被恶性骚扰、被巧妙设计时，他们就会进入到防御状态。处于心理防御状态下的客户，他们会拒绝回答销售人员的问题，拒绝分享自己关于现状的困扰。所以，销售人员要善于在销售过程中为客户营造足够的安全心理空间。

安全心理空间对客户意味着：第一，即使客户分享了自己的个人隐私，它也是安全的。没有人会用它作为修理我、嘲讽我、强迫我的工具。在医药行业中，客户特别需要这方面的心理保障。销售人员要善于通过举例、承诺等方式来为客户提供安全感。第二，分享隐私可能会给客户带来好处、利益，使他可能会有新的解决方案来处理它，或者客户确定他可能

会得到情感层面的慰藉。

销售过程中，聆听是金，真正伟大的销售总是从聆听开始。越懂得聆听，我们就越能越过客户的心理防线，与客户建立起有利于销售的关系。

成为优秀的倾听者

有效倾听并非一种天生的本能，而是一种需要不断学习和锻炼的技巧，需要借助分析、理解和判断等活动，要想实现有效倾听并不简单。因此，为了达到良好的沟通效果，销售人员就必须不断修炼倾听的技巧。

1. 集中精力，专心倾听

这是有效倾听的基础，也是实现良好沟通的关键。要想做到这一点，销售人员应该在与客户沟通之前做好多方面的准备，如身体准备、心理准备、态度准备以及情绪准备等。

2. 不随意打断客户谈话

随意打断客户谈话会打击客户说话的热情和积极性，所以当客户的谈话热情高涨时，销售人员可以给予必要的、简单的回应，如“噢”、“对”、“是吗”、“好的”等等。除此之外，销售人员最好不要随意插话或接话，更不要不顾客户喜好另起话题。

3. 谨慎反驳客户观点

客户在谈话过程中表达的某些观点可能有失偏颇，但是你要记住：客户永远都是上帝，他们很少愿意销售人员直接批评或反驳他们的观点。如果你实在难以对客户的观点作出积极反应，那可以采取提问等方式改变客户谈话的重点，引导客户谈论更能促进销售的话题。

4. 了解倾听的礼仪

在倾听过程中，销售人员要尽可能地保持一定的礼仪，这样既显得自己有涵养、有素质，又表达了你对客户的尊重。

5. 及时总结和归纳客户观点

这样做一方面可以向客户传达你一直在认真倾听的信息，另一方面也有助于保证你没有误解或歪曲客户的意见，从而使你更有效地找到解决问题的方法。

有效提问，引导客户的购买意向

提出问题是为了得到答案，如果你想了解更多客户的心理状态，不要等他说出来，而先有效地提问，这样你不仅可以了解客户内心的想法，还可以通过问题引导客户的思维方向。同时，你提出问题的品质及逻辑能力，也将展现出你是个非常专业、对自己的每一步骤都胸有成竹的人。

销售是说服的艺术，但是如果只有说而没有问，销售就会走进一条死胡同。正确的提问正是引起客户注意、获取相关信息、争取主动权、引导客户思考、进行谈判总结的法宝，是销售取得成功的关键所在。提问是销售人员至关重要的核心技能之一。

提问的本质是一种思考的表现形式，所以好的问题可以显示出提问者的思考，通过问题的形式、问题的深度、问题的广度、问题涵盖的层次等都可以表明提问者的思考过程和思考模式。同时，问题可以在某种程度上强迫听者思考，无论听者是从广度上回答，还是从深度上回答，还是回答表面的问题，或者听者为了更好地回答问题，而发问了一个新的问题，这都是两个人思想的较量。

提问的作用是训练销售人员自己思考的同时，赢得潜在客户的积极思考，赢得潜在客户的兴趣、信任和依赖。

无论在什么时候，只要顾客提出反驳，改变策略或者做一些出乎意料的事，你的第一个反应最好是提问。如果你被质问，你要首先想到用一个问题削弱它并用正确的眼光看待它，而不是立刻迎战。如果客户变得心烦意乱，你不要因此而变得戒备或陷入一种气急败坏的发作，而要提一个问题。记住，提出问题以控制谈话，这会在任何销售情况中给你足够的力量。

经过一个多月的奔波，鲁克终于为他的客户林先生找到了满意的房子，后来的事实也证明了他的这一判断并没有错。在他们看房子的那一天，林先生表现出了难以掩饰的惊喜。不论是房子的建筑风格还是结构格局，甚至车库和泳池都受到了林先生的热烈赞扬。他兴奋地说："所有的这一切都完美无缺，它简直太漂亮了！我真想立刻就拥有它。"

鲁克很高兴，他知道事情已经成功了一半。于是他看着他的客户说："只要你愿意在这张纸上签上你的名字，你就可以拥有它了。不过在你签单之前，我觉得必须告诉你一件事情，这栋房子价格比你想出的房款要高出5万元。"

听了这番话后，林先生脸上的笑容渐渐消失了，表情变得平静，并陷入了思考。鲁克觉察到了这一变化，于是他问了一个问题："林先生，你说过你打算在这座城市定居，我想你肯定会在这里住上30年吧?"

"事实上，我打算在这儿住更长的时间。"

"那你觉得这儿的周边设施以及交通状况怎样？它们会使这座房子的价值以每年1%的速度增长吗?"

"这当然太有可能了，这里发达的公路网和即将启动的市建工程很有可能使它在短期内价值翻番。"

“那么请再回答我一个问题，你现在每年要拿出多少钱来支付公寓租金?”

“大约7万。”

“那你愿意以年租金5万元的价格租下这座漂亮的房子吗？而且更为诱人的是，到了年底你就可以拥有这座房子，享受它为你带来的每年1%的价值增长，并在它的相伴下幸福快乐地生活30年，你觉得这个计划怎么样?”

林先生听后，二话没说就在鲁克拿出的订单上签上了自己的名字。

乔·吉拉德指出：销售人员若能很好地利用提问技巧，就可及早得到客户真正需要什么，以及有何疑虑等方面的信息，从而引起客户的注意。以下便是3种基本的提问技巧。

第一，探索式提问

即销售员为了了解客户的态度，确认他的需求，可以向客户提出问题。比如“您是怎么想的?”“您的看法?”“您认为我们的产品怎么样?”

销售人员应用这种方法向客户提问后，要耐心地等待，在客户说话之前不要轻易插话，或者说一些鼓励的话，使客户大胆地告诉你有关的信息。

客户对探索式提问方式是乐于接受的。他们一般都能认真思考你提出的问题，告诉你一些有价值的信息。甚至客户还会提出建议，帮助你更好地完成此项销售工作。

第二，诱导式提问

这种提问技巧旨在引导客户的回答符合销售人员预期的或者说是想要的目的，争取客户的同意。在这种提问方式下，销售人员会先向客户提出一些相关的问题，将客户引到所需解决的问题上，并借客户的回答完成交易。

第三，选择式提问

这种提问方法是指在提出的问题中，已经包含有两个或两个以上的选项，对方须从这些选项中选出一个作为回答。

在销售面谈时，为了提醒、督促客户进行购买，最好采用这种提问方式，它往往能增加销售量。比如销售员在向家庭主妇们销售一种刚上市的洗洁剂时，效果较好的提问方式应该是：“您买两瓶还是买三瓶呢?”

假如客户根本不想买，这样的提问常常可以促使客户至少要买一瓶的结果。

选择式提问的技巧，是销售面谈中最为重要的技巧，只要运用得当，就会产生非常好的效果。

销售人员可以有意地做一个问题游戏。你同某人在一起时，努力让那个人讲话，而你自己除了提问，什么也不要讲，看看这样你能维持多久。如果你自己不得不回答一个问题或者作出了提问之外的某种反应，你的时间就到了，那你必须重新开始。一有机会就做这个游戏，同旅馆大厅服务员、侍者、计程车司机，以及飞机上的邻座等人做这个游戏格外有效。

从这个游戏当中，你会形成一种“问题反射”，这将对你的销售工作大有帮助。

如何规避糟糕的提问

有时候，无休无止地劝说解决不了的问题可以通过巧妙的提问来解决，但是并不是所有人都明白如何利用提问的技巧来获得客户的认同。事实上，经常有客户在听到销售人员对自己的几次提问后就变得厌烦和不快。这是为什么呢？因为这些销售人员忽视了在提问时需要特别注意的一些事项。

1. 要尽可能地站在客户的立场上提问，不要仅仅围绕着自己的销售目的与客户沟通。

2. 对于某些敏感性问题尽可能地避免，如果这些问题的答案确实对你很重要，那么不妨在提问之前换一种方式进行试探，等到确认客户不会产生反感时再进行询问。

3. 初次与客户接触时，最好先从客户感兴趣的话题入手，不要直截了当地询问客户是否愿意购买，一定要注意循序渐进。

4. 提问时的态度一定要足够礼貌和自信，不要鲁莽，也不要畏首畏尾。

5. 选择问题时，一定要给客户留下足够的回答空间，在客户回答问题时尽量避免中途打断。

6. 提出的问题必须通俗易懂，不要让客户感到摸不着头脑。

SPIN 模式引出大订单最有效

做任何事情都是有方法的，而且永远是有更简便更有效的方法的。我们发现在大生意中出色的销售人员的确有一套特殊的技能，这些成功的执行者所拥有的最重要的一套技能就是我们通常称为 SPIN 的技能。

SPIN 销售模式可谓是划时代的革命。传统的销售模式更偏重于销售如何去说，而 SPIN 技巧则更注重于通过提问来引导客户，引导客户完成其购买流程。

尽管首创者尼尔·雷克汉姆早起遭到质疑，导致无法在美国本土出版研究成果，只能在英国首次印刷。但是随着 SPIN 销售模式的影响力日益增加，美国本土也开始出版相关著作。据了解，该方法曾在 60%以上的 500 强企业中应用，对他们的销售促进达到 17%以上。

SPIN 销售模式的核心即是 4 种提问方式——situation questions，即现状问题；problem questions，即困难问题；implication questions，即牵连问题；need－payoff questions，即价值问题。

SPIN 这种提问方式，是为了把客户的隐藏需求转变为明显需求，而要达到这个目的并不容易，所以要求销售员在拜访客户之前一定要进行非常充分的准备。只有进行大量的案头工作，把所有的问题提前准备好，才有可能成功地进行提问。

此外，SPIN销售模式的应用需要时间逐渐熟悉，需要销售人员在拜访客户之前尽可能地演练这种技巧，一个一个问题地问，而且每一次只练习一种提问方式，这样才能运用得非常纯熟。

销售人员：“据我所知你们在控制成本方面做得相当不错，在实际操作过程中有没有困难?”

客户：“在保证产品质量和提高职工待遇的前提下，我们一直致力于追求生产效益最大化，因此在控制物料和人工的成本方面着实下了一番工夫，确实取得了一定的效益，但在控制电费的支出上，我们还是束手无策。”

销售人员：“×总，有件事情我一直很奇怪，你们公司管理得这么好，怎么还有这么高的电费?”

客户：“是啊，尤其是每年的6、7、8三个月的电费高得惊人，我们实在想不出还有什么可以省电的办法啦。事实上那几个月我们的负荷也并不比平时多多少。”

销售人员：“嗯，我明白了，民用高峰期要支付超常的电费，全中国都这样，没办法。老实说那几个月不光电费高，电压也挺不稳的，这方面我不是很专业，想向您请教一下，电压不稳会对设备影响有多大?”

客户：“温度升高会缩短使用寿命，并增加维护和修理的工作量和费用。严重的可能直接损坏设备，使生产不能正常进行，甚至全线停产。”

销售人员：“你们有没有因电压不稳损坏设备的情况发生? 最大的损失有多少?”

客户：“有，去年发生了两起，最严重的一起是烧毁了一台大型烘干机，直接损失就达50万元。”

销售人员：“那这样说来稳定电压对你们来说是不是意义更为重大?”

客户：“是的，这不仅可以维持生产的正常运行，还可以延长我们设

备的使用寿命。”

销售人员：“从你所说的我可以看出，你们对既能节约电费又能稳定电压的解决办法最为欢迎，是吗？”

客户：“是的，这对我们来说至关重要，我们非常需要解决电费惊人和电压不稳的问题，这样不仅使我们降低成本增加效益，而且还可以减少事故的发生频率，延长设备的使用寿命，使我们的生产正常运行。”

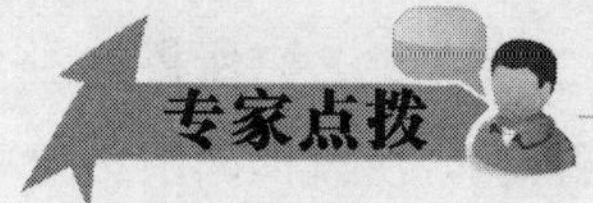

专家点拨

1978年以来，SPIN的内核并没有变，变的只是随着时代前进，衍生出的更多的技巧性和实操性的手段，以帮助21世纪的销售人员更好地适应新销售时代带来的挑战。了解并应用SPIN，是销售人员引出大订单的有效途径。

S——询问现状问题

在见到客户的时候，如果不知道他处于什么状况，就要先涉及现状问题。找出现状问题的目的是为了了解客户可能存在的不满和困难，因为客户不可能主动告诉销售人员他有什么不满或者困难。销售人员只有去了解、去发现，才可能获知客户现在有哪些不满和困难。了解客户现状问题的途径就是提问，通过提问来把握客户的情况。比如可以询问一个厂长“现在有多少台设备，买了多长时间，使用的情况怎么样”之类的问题，用这样一些问题去引导他发现工厂现在可能存在的问题。

需要注意的是，找出现状问题是推动客户购买流程的一个基础，也是了解客户需求的基础。由于找出现状问题相对容易，销售员很容易犯一个错误，就是现状问题问得太多，使客户产生一种反感和抵触情绪。所以在提问之前一定要有准备，只问那些必要的、最可能出现的现状问题。

P——发现困难问题

询问客户现在的困难和不满的情况。例如：您的电脑多长时间会死机？您的电脑输出速度理想吗？现在的输出速度是不是太慢？现在局域网之间是否互相冲突？如此等等。

需要注意的是，针对困难的提问必须建立在现状问题的基础上。只有做到这一点，才能保证所问的困难问题是客户现实中存在的问题。如果见到什么都问有没有困难，就很可能导致客户的反感。

在传统销售中，所提的困难问题越多，客户的不满就会越强烈，就越有可能购买新的产品；而以客户为中心的现代销售并非如此，它所提的困难问题仅仅是客户的隐藏需求，不会直接导致购买行为，所以询问困难问题只是推动客户购买流程中的一个过程。

I——引出牵连问题

这是 SPIN 销售模式中最困难的一环。前面已经提到，只有意识到现有问题将带来严重后果时，客户才会觉得问题已经非常的急迫，才希望去解决问题。引出牵连问题就是为了使客户意识到现有问题不仅仅是表面的问题，它所导致的后果将是非常严重的。

比方说电脑病毒这个问题，在没有爆发之前，客户很可能不会意识到它的严重后果，但是经过销售人员提醒之后，客户就会对后果进行一番联想，于是觉得这个问题非常迫切，应该立刻清除病毒，否则后果不堪设想。

此外，引出牵连问题还有助于引发客户对更多深层次问题的思考。比方说很多人早晨不喜欢吃早餐，觉得无所谓。其实不吃早餐可能导致一系列的问题——对身体的影响，对工作的影响，对家庭的影响，对未来的影响……

当客户了解到现有问题不仅仅是一个单一的问题，它会引发很多更深层次的问题，并且会带来严重后果时，客户就会觉得问题非常严重、非常迫切，需要立刻采取行动解决它，那么客户的隐藏需求就会转化成明显需求。也只有当客户愿意付诸行动去解决问题时，才会有兴趣询问你的产

品，去看你的产品展示。

需要注意的是，让客户从现有问题引申出别的更多的问题，是非常困难的一件事，必须做认真的准备。还是电脑病毒爆发这个例子——你不可能临时想出很多合适的问题，所以要提出一系列符合逻辑并足够深刻的问题，需要在拜访客户之前就认真准备。当牵连问题问得足够多的时候，客户可能就会出现准备购买的行为，或者表现出明显的意向，这就表明客户的需求已经从隐藏需求转为明显需求，引出牵连问题已经成功。如果没有看到客户类似的一些表现，那就证明客户仍然处于隐藏需求的阶段，说明所问的牵连问题还不够多、不够深刻。

N——明确价值问题

明确价值问题有助于把客户的注意力从问题转移到解决方案上，并且让客户感觉到这种解决方案将给他带来很多好处。比如“这些问题解决以后会给你带来什么好处”这么一个简单的问题，就可以让客户联想到很多益处，就会把客户的情绪由对现有问题的悲观转化成积极的、对新产品的渴望和憧憬，这个就是价值问题。

此外，价值问题还有一个传统销售所没有的非常深刻的含义。我们知道，任何一个销售员都不可能强行说服客户去购买某一种产品，因为客户只能被自己说服。传统销售经常遇到的一个问题就是想方设法去说服客户，但是实际效果并不理想。明确价值问题就是给客户提供了一个自己说服自己的机会——当客户从自己的嘴里说出解决方案（即新产品）将给他带来的好处时，他自己就已经说服自己，那么客户购买产品也就水到渠成了。

如果说销售领域真有放诸四海皆准的法则，那一定就是SPIN销售法。想在销售中以不变应万变，SPIN就是销售人员的不二选择。

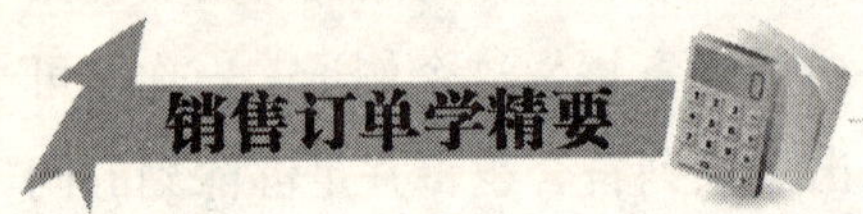

如何使用 SPIN 问题

要想有效地问 SPIN 问题，那么在销售刚开始时你就要承认在销售过程中你的角色就是问题的解决者，客户的难题或隐含需求是每一笔生意的核心。每次当你开始一笔生意之前你都应问自己："我能为这个客户解决什么问题?"对于你所能解决的问题了解得越清楚，在讨论过程中就越容易问出有效的问题。

有一个很简单的技巧可以帮助你策划你的谈判策略及问题：在开始会谈之前，写下三个你的客户会有的，并且你的产品或服务可以解决的潜在问题。然后更具体的一步是针对你找出的每一个潜在问题写出它可能包括的困难问题，这样在会谈的过程中你才可以有的放矢地问出有效问题。

第四章

细节决定成败——订单高手最为重视的细节管理

米开朗基罗曾说过，在艺术的世界里，细节就是上帝。同样的，在销售的世界里，细节更是决定最终胜败的重要因素。

细节体现了艺术与科学，而销售正是艺术和科学的融合。销售人员需要用科学的态度对待如艺术创作般的销售过程，在对细节的发掘、确认和积累中，销售人员将有条不紊地成长，并最终迈向成功。

谦虚礼貌，任何客户都喜欢被尊重

不为五斗米折腰的人，在哪里都有。你千万别伤害别人的尊严，尊严是非常脆弱的，经不起任何的伤害——特别是你的客户的尊严。冒犯客户对你没有一点好处，但尊重客户却可以赢来订单。

与客户交往时，赢得客户的好感对你的销售起着决定性的作用，这就要求你必须充分尊重对方。

曾有一位销售人员一直无法取得45岁以下客户的订单。问题就在于在他的潜意识中，并不尊重那些比自己年轻的客户。虽然他的面谈在表面上显得充满了诚意，客户还是可以感受得到他在内心深处对他们的轻视。

你应对客户的问题表现出真诚的关切，提出一些可以表达自己心意的问题，并小心处理这些问题。总之，要表现得光明正大和充满诚意，不要通过一个又一个的问题问得客户喘不过气来，或让他觉得你的关心虚情假意。

“今天拜访的那位客户真是太没水平了……”你可能已经习惯了这样评价你的客户，也许你听到其他销售人员这样说的时候已经习以为常，身为销售人员，这种心理意味着你讨厌你的客户，既然这样你怎么可能取得成功呢？

作为一名销售人员，我们要明确这一点：客户所精通擅长的这个领域就是他们所面对的难题。而解决客户的问题，正是销售人员的使命所在。你必须投注大量时间、精力从客户那儿发掘相关的资讯。

从这个角度来说，销售人员的工作就是了解客户所面对的难题，然后向他们说明自己的产品或服务怎样为他们创造竞争优势，进而解决问题。你必须以伙伴的身份，以平等的姿态去执行这项任务。如果带着傲气或者优越感去作销售拜访，你的这种神态必然会流露于言谈举止之间，必将完不成自己的销售任务。

美国前总统克林顿还在念大学的时候，就习惯把见过的人都一一记下来。他把这些人的名字写在资料卡上，不时打电话或写信给他们。连他同这些人谈话的内容、他们的回信等等，他都详细地记录、保存好。

后来，克林顿竞选阿肯色州州长时，他已拥有超过一万张的资料卡档案，这些人后来统称为“比尔的朋友”。正是这些朋友，帮助克林顿一步步走向事业的巅峰。

尊重对方的表现形式有很多，但最起码的是在任何时候，你都要准确地叫出对方的名字，若能正确无误地叫出别人的名字，你就等于进到了他的内心最深处。万一在介绍时没能完全听清楚客户的姓名，要立刻礼貌地问清楚！

有一位成功的商人这样说过：“我希望向我来销售的人能够举止端庄，谈话得体，如果他们做不到这一点，我绝对不会见他。”

什么是你最佳的名片？你的声音，你待人接物的方式和你的外表！说服别人的艺术要靠这些，是这些造成你给他人的印象。

良好的行为举止是销售人员言行一致、表里如一的反映，是尊重客户的体现。销售人员举止不当，忽略礼仪，往往会在无形中破坏交谈的结果。客户是聪明的，他们只向值得信赖、举止端正的销售人员签订单。

落落大方的举止并非一日形成，它需要销售人员在平时多注重个人修养的培养，多积累礼仪知识，甚至从不随地吐痰，不随手扔垃圾等点滴文明行为做起。据说，有一些销售人员还会参加一些专业的礼仪训练，让自己的一言一行都能表达出心中的那份真诚。

在现实生活中，有许多人不仅仅是蹩脚的谈话者，同时也是拙劣的听众，因为我们都太缺乏耐心去听别人谈话了。与聚精会神地聆听他人的谈话、迫切地从中汲取有益的养料相反，我们并没有给予谈话者足够的尊重。我们往往心不在焉、神情恍惚，或者不耐烦地东张西望，或者机械地摆弄自己的手表，再或者用指甲无意识地在椅桌上连续地敲击。

事实上，如果一个人没有对他人的关注，他是不可能成为一个出色的谈话者的。所以，为了让自己的谈话具有不可拒绝的魅力，你必须真诚地聆听他人的谈话，用心感受对方的喜怒哀乐。

稳拿订单的语言技巧

1. 说话时要主题具体、精简，语速适中，保持微笑，最好根据对方的反应调整话题。

2. 间接地指出对方的错误，善用形容词增强说话效果，称呼客户的名字和头衔时要让客户感觉到亲切与受尊重。

3. 应以对方关心的内容为话题，说话时应分辨混淆字词，并注意说话礼貌，多说“请”、“谢谢”等礼貌词。

4. 应避免说话滔滔不绝，要给客户说话的机会，要善于倾听，抓住客户谈话的重点。

5. 让客户了解有关信息，与他们保持合适的谈话距离，以自然姿势辅助说话，沟通时要保持谦恭的态度，认真重述与整理客户的语意。

永远不要和客户争辩

在客户那里没有对与错，只有购买和不购买。我们要做的是满足客户的所有需求以达到他同意购买的目的，所以客户不是我们要与之争辩和斗智的人。记住：从未有人会取得同客户争辩的胜利。

不管客户提出如何的异议或批评，销售人员永远不要与客户争辩，甚至有时面对客户的无理取闹也要保持“客户至上”的心态。因为争辩不是说服客户的好方法，正如一位哲学家所说：“你无法凭争辩去说服一个人喜欢啤酒。”

销售人员要尊重客户的意见。客户的意见无论是对是错、是成熟还是幼稚，销售人员都不能表现出轻视的样子，如不耐烦、轻蔑、走神、东张西望、绷着脸、耷拉着头等。销售人员要双眼正视客户，面部略带微笑，表现出全神贯注的样子。并且，销售人员不能语气生硬地对客户说：“您错了”“连这您也不懂”；也不能显得比客户知道得更多：“让我给您解释一下……”“您没搞懂我说的意思，我是说……”这些说法明显地抬高了自己，贬低了客户，会挫伤客户的自尊心，这样销售很难

进行下去。

销售人员要让客户有“面子”。每个人都有自己的想法与立场，在销售说服的过程中，销售人员若想要对方放弃所有的想法与立场，完全接受自己的意见，会使对方觉得很没面子，特别是一些关系到个人主观喜好的场合，销售人员千万不能将自己的意志强加在别人身上。

要让客户愉快地接受自己的意见的方法有两种：一是让客户觉得一切决定都是自己做出的；另一种是在小的地方让步，让客户觉得自己的意见及想法是正确的，自己受到了尊重。

客户：你好，我想问问你们公司最新款笔记本电脑的价格，如果不是太贵的话我想买一台。

销售人员：噢，你一定是通过电视广告知道我们推出了最新款的笔记本电脑吧？

客户：是的，看电视广告知道你们推出了新款笔记本电脑，我一直用的都是你们的笔记本电脑，我觉得你们的笔记本电脑还不错，可是你们怎么请了那样一个代言人呀，长得不好看不说，说话也不好听！还不如请×××来做广告呢！

销售人员：可是我觉得×××还不如我们的代言人呢，她可是千挑万选才选出来的。

客户：你说×××不好？她可是整个亚洲最棒的明星。

销售人员：什么整个亚洲最棒呀？她不过就是在中国有点名气而已。

客户：你太没品位了！她是最棒的！算了，我不买你们的电脑了，我去看看别的品牌！

上述案例中，销售人员仅仅因为代言人这种无足轻重的事情而与客户发生争执，就失去了一位准客户。

无论在任何情况下，都不要同客户正面争论。你输了，对方不会接受你的产品；你赢了，对方会恼羞成怒所以也不会接受你的产品。要知道，你的任务是销售产品而不是争论，有时一些销售人员说：“这家伙真令人讨厌，我狠狠把他批了一顿，出了一口恶气。”当你问他产品销售出去了吗？他回答说：“一根头发丝也没销售出去。”所以说，销售不是靠争论，人的主意不会因为争论而轻易改变。

任何事都是可以商量的，只要方法正确。争吵仅是发泄心中的不满，并不是在解决问题。如果你能避免正面的争论，而侧面进行软进攻，有时反而能取得意料不到的效果。

人是不喜欢改变自己的决定的，而且一般不可能在强迫和威胁下同意别人的观点。但他们愿意接受态度和蔼而又友善的开导。

在销售中人们总是希望迅速有效地改变客户的态度，但方法一定不能简单，尤其是客户用一个错误的事实来坚持他的态度时，你千万不能直接去指出其错误，而要采取尊重客户的做法，间接地暗示他：我是尊重你，理解你的，所以没有当场揭穿你的把戏而是很有涵养地进行间接暗示，保全了你的自尊。这样客户在羞愧之余还存有一点感激，这种感激就成了销售的突破口，而使销售一举成功。

千万要记住，做任何事情要问自己我要的结果是什么？这样做会得到我想要的结果吗？这样做对我有好处吗？

真正的销售高手，从不会想到要说赢客户，他们只会建议客户。他们会在让客户感受尊重的情况下，进行销售工作。销售的最终目的在于成交，说赢客户不但不等于成交，反而会引起客户的反感。所以为了

销售工作的顺利进行，不妨尽量表达对客户意见的肯定看法，让客户感到有面子，千万记住逆风行进时，只有降低抵抗，才能行进得迅速，不费力。

客户并不总是正确的，但让客户感觉到销售人员对他们正确的认可往往又是值得的。因为客户是上帝，他们能给我们带来好运。客户并不依靠我们，倒是我们要依靠他们。客户不是我们要与之争论或比赛智力的人，同客户争论是不可能取胜的。客户给我们带来了他们的需要，我们的职责是满足他们的需要，并使他们和我们都有利可图。总之，没有客户便没有我们，这是销售人员务必要明确的问题。

一定要尊重客户的看法、想法，让客户充分感觉到他才是决策者。要让客户觉得自己是赢家，这样，整个销售过程就会非常顺利，反之，逆势操作，将使你销售的过程倍感艰辛。

从 7 个方面入手赞美客户

与客户初次见面，该说些什么赞美词才恰当呢？销售人员不妨从以下 7 个方面入手：

1. 从对方的人品或性格着手，最好是夸赞他过去成功的事迹。

2. 赞美女性身上的衣饰物，胜过抽象地夸其有风度、气质。

3. 说“真心话”，胡说八道的称赞会误事的，赞美要真诚，绝不可虚伪。

4. 赞美应结合亲切关注的眼神和适当的肢体语言。

5. 与其赞美对方司空见惯的优点，倒不如称赞对方小而可取之处。

6. 夸张的赞美词，会使人感到被愚弄，委婉贴切的话语常使人回味无穷。

7. 得体的赞美和间接式的赞美也常令人喜不自禁。

专业术语赢得客户信任

专业术语会让你显得更加专业，而客户只会相信一个专业的人给出的专业的建议和推荐。因此，一个成功的销售必然是一个产品领域的专家。没有任何力量比丰富的专业知识更强大，用专业知识武装起来的销售是不可战胜的。

乔·吉拉德说："销售任何产品，一定要成为该类产品的专家，只有专家才更有权威性，只有专家才会让人有依赖感，你无法帮助客户解决相关问题。如果客户问你一些专业问题你都无法解答，客户会马上对你失去信心。成为行业的专家，会让你非常机敏地处理各种问题。同时，还能赢得老练客户的尊敬，他们会信任你的专业能力，听从你的建议。"

潜在客户和客户都希望同那些真正熟悉自己以及产品情况的销售人员做生意。当客户对你的专业知识水平表示信任时，你所做的销售陈述就会使他们更加容易接受，而且更具可信度。

努力使自己成为销售产品的专家，深入了解产品、熟练使用专业术语，并知道如何使用它们，这些将会使你更加自信地回答由客户提出的各种问题和专业方面的各种异议。你也就能更好地解释为什么你的产品能够更好地满足客户的需要。

通常在几分钟的时间内，客户就可以看出你是否了解他们所讨论的内容。你通过向客户提问题，就能迅速地树立起一个销售人员的专业形象，销售关系也由此开始建立。所以“先做产品的专家，再做产品的销售人员”，这绝不是一句空话。

经验证明，那些成功的销售人员都很重视具备各方面的专业知识，因为这将会树立一个专业销售人员的形象，并可以与客户建立起信任关系。

1970年，31岁的柴田和子进入日本著名保险公司——“第一生命株式会社”新宿分社。1978年，柴田和子首次登上“日本第一”的宝座，此后一直蝉联了16年日本保险销售冠军，荣登“日本保险女王”的宝座。1988年，她创造了世界寿险销售第一的业绩，并因此而荣登吉尼斯世界纪录，此后逐年刷新纪录，至今无人打破。她的年度成绩能抵上800多名日

本同行的年度销售总和。

其实，在进入保险业不久，柴田和子就开始学习大量有关保险的知识，读"生命保险外务大学"乃至取得"检定生命保险士"等资格，并获得人寿保险硕士学位，同时也多次参加了财务规划讲座等。为此，她付出了大量的时间、精力和金钱，并克服了许多困难。最终，她备齐了从事这项工作所需要的一切最高新的知识，为其以后的成功奠定了基础。

作为一名销售人员，拥有再多的知识也不够多。关键是在面对客户的时候，不要"说得过多"，把客户最关心的信息说出来即可，要让自己看上去像个权威和顾问。

那么，作为一个追求卓越的销售人员，你必须具备什么样的专业知识呢？概括来说，这些知识包括产品、公司、竞争对手、客户、行业以及环境等相关信息。

只有了解了产品才能向客户准确地介绍产品。不仅要把产品说明书读懂，必要的时候，还要亲自操作一下产品，或者试吃、试用产品。假如你是一名销售美容美发产品的销售员，你去见客户的时候，让客户亲手抚摸一下你用了自己公司的洗发水后光滑的长发，那么你对客户介绍这款产品的功能——让秀发更光泽，客户就会非常相信了。又假如你是一名销售工业用空调的销售员，如果客户问到空调一个月的耗电量是多少，而你却回答不出来，那么可想而知，任凭你怎么说这款空调省电节能，客户都不会被说服购买。

拥有百年历史的大公司雅芳公司就对旗下的销售人员有这样一个不成文的规定，每个销售雅芳产品的人员都必须是雅芳产品的用户。此举的目的倒不是强制性扩大自己产品的销量，而是让经营者、生产者都懂得认识自己所销售产品的性能。

销售人员亲身使用产品后，必将会从一个消费者的角度来评价产品，并会对产品的特性、价值有深刻的认识。这样，在给客户销售、讲解时就会有翔实的第一手产品资料，讲解的内容也更有说服力了。

另外，你还要了解产品的安装与使用知识。当客户对一个产品的认识还处于陌生状态的时候，往往会把事情想象得非常复杂。由于害怕这些复杂的事情，他们往往会放弃购买新产品。

从某种意义上讲，销售人员的工作是通过自己所了解的商品知识为客户创造利益，协助客户解决问题。为此，销售人员必须坚持不懈地、全方位地、深层次地掌握充分而专业的产品知识。

一般来说，消费品的销售人员只需知道很少的关于产品的技术性能方面的信息即可。然而，向那些具有很高专业知识水平的客户销售高技术产品（比如计算机、汽车发动机组件以及复杂的机械装置等），则需要销售人员具有广泛的知识。

比如说，对计算机系统工程师、大学教授或空间技术专家进行销售拜访，可能会使你处于不利的地位。这是因为在许多情况下，与客户在这些领域所了解的专业知识相比，你受到的教育和拥有的经验实在是太少了。当然你没必要成为像专业工程师那样的专家，也不必回答有关产品和技术的所有问题，但是你应该知道从什么地方可以找到这些问题的答案。

请记住，你对产品知识掌握得越多，越有助于你快速赢得客户的订单。说服客户，不是靠强硬的语气，也不是靠威逼利诱，而是靠丰富的知识，才能让客户心服口服。

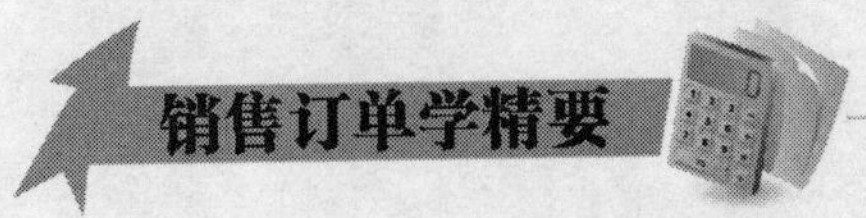

顶尖销售的7项基本练习

出类拔萃和顶尖不是从来就有的，它来自不断地练习，练习，再练习。顶尖销售人员都懂得天天练习的重要性，因为他们知道：只有在不断地自我操练中，才能更加准确地把握客户真正的购买点。

以下这些基本动作都是顶级销售人员们从不间断的基本动作，你要坚持天天练习。

1. 初次见面的自我介绍。
2. 产品知识介绍。
3. 回答客户异议的话术。
4. 电话行销话术。
5. 不断拜访新的客户。
6. 练习微笑给人如沐春风般的感觉。
7. 养成自我暗示、静心思考的习惯。

产品展示，给客户可感知的价值表现

相比较耳朵听到的，人们往往更愿意相信自己眼睛看到的。因此，当你向客户介绍你的产品有多么优秀时，不妨演示给他看，这样比你的任何精彩话术都更能直击客户的心理需求。把你带给客户的利益可视化，客户就会把他的决策明朗化。

一位销售专家曾说，要想真正赢得客户，我们就不该销售什么牛排，而应该销售那种在煎牛排时所发出的嘶嘶的声音。因为，客户不但喜欢吃味道鲜美的牛排，更喜欢听那种使人垂涎欲滴的声音。

你不得不承认，听到后一种说法时是相当有诱惑力的，这就是要引起客户使用产品时的感觉。

销售人员必须让客户感觉到产品，你要让他陶醉在你的产品之中，你要让他闻闻新产品的味道，摸摸新产品的触觉，你要让他站在特定的角度来欣赏你产品的外型美，你要让客户充分地感受到这个产品，让他操作或试用这个产品，以激起他极其强烈的购买欲望。

销售产品一定要让客户看到、听到、闻到、尝到、感觉到——这便是具体化的销售。

在做产品展示时，要运用各种方式，尽量让客户自己去想象当他购买或者拥有产品之后的那种快乐的情形。

比如说，房地产销售这样说：您可以想象一下，当您拥有这套房子之后，在您每天早晨起床的时候，都可以看到金色的阳光照进您的房间，让您一早就非常有精神、非常轻松；而在晚上，当您坐在客厅里面，呼吸着新鲜的空气，听着虫鸟优美的鸣叫声，那又是一种什么样的感觉呢？周末的时候，您和您的家人在这散发着泥土芬芳和芳草气息的花园里散步，享受那种温馨，那更是多么惬意！当您……

尽量使你的语言具体化、图像化，你要具体、实在、恰当地诉求客户的5种感受，这会提升客户购买产品的欲望和拥有产品时的美好感觉。所以销售人员要常常练习去运用这诉诸对方感官的语言，这绝对有助于提高业绩。

一家公司生产了一种压制合成的建筑板，由于材料是由人工合成的，所以很多专业人士对这种合板的隔音效果和载重能力表示怀疑。

针对这种情况，这家公司组织了一次产品说明会，约请设计师、建筑方面的专家参加。在这次会上，首先由两位大学教授分别针对人造板的隔音效果和承重能力进行阐述，之后组织者安排了短暂的休息时间。

休息时间结束后，所有的嘉宾又回到会议大厅的时候，大家看到有人在会议厅里摆了两个水泥墩，水泥墩上放了一块刚刚从生产线上拿来的人造板。接着音乐响起，一头来自附近动物园的大象随着音乐的节奏踏上了板子，而板子丝毫无损！

最后说服客户的不是大学教授，而是笨拙可爱的大象。商品本身是无趣的，要想让无趣的商品被客户所接纳，则要靠优秀而有创意的产品展示。

一般而言，正式的产品说明是指销售人员完成事实调查后，向潜在客户说明他提供的产品及服务能带给潜在客户何种利益，并期望客户能购买。产品说明就是系统地透过一连串需求确认、特性、优点及特殊利益的陈述，引起客户产生购买的欲望。

成功的产品说明可以使客户产生想要的欲望、让客户认同销售人员的产品或服务，能解决客户的问题及满足客户的需求。在进行产品说明时，要选择恰当的时机作产品说明；预先想好销售商谈；维持良好的产品说明气氛；产品说明中不要逞能与客户辩论；运用销售辅助物，如投影片、幻灯片、产品名录、企业简介、对销售有帮助的报刊、杂志的报道及其他任

何有助于销售的辅助物。产品说明的“三段论”首先是陈述产品的事实状况，其次是对这些事实中具有的性质加以解释说明，最后再阐述它带给客户的利益。

优秀的销售人员不给客户逻辑性的参与，只给情感的参与，让客户看到、感受到产品的好。那么，销售人员如何在销售介绍中使自己的讲解有效，并且系住客户的心呢?

第一，销售人员应重视讲解艺术，把握针对性

事实上，不同的客户具有不同的个性和购买动机。这就要求销售人员根据自己客户的特点和购买动机有针对性地运用不同的讲解语言。例如，对一般普通客户，讲解语言要通俗易懂，符合客户的胃口，切忌专业化和学术性；面对专业人员和技术人员，由于他们学有所长，懂行，善于分析，所以讲解语言自然不能通俗化，应突出专业知识。否则既不能向客户准确无误地传递销售信息，又不能在销售介绍中使销售人员和销售对象找到共同语言、交流相互感受。俗话说，话不投机半句多，那种千篇一律的讲解语，无法激起客户的兴趣和注意，还容易引起客户的厌烦和反感。只有因人而异地采取不同的讲解方式，才能做到使销售双方一谈即合，言语投机，提高讲解的效率。当然，销售人员要想使讲解有效，还需在重视讲解语言针对性的同时，十分讲究讲解的态度。销售人员讲解时，既不可谨小慎微，处处担心怕冒犯客户；也不能咄咄逼人，让客户难以接受。正确的态度是，不卑不亢，落落大方，语言亲切，口气随和。这样运用语言艺术，才能造成一种良好的销售气氛，产生一种使客户心悦诚服的心理效应，增强讲解的语言感染力和刺激作用。

第二，讲解用语不是随心所欲的词语堆砌

不是平淡无味的说教，而是几经准备的讲解词，字斟句酌推敲过的宣传语，才能活跃销售介绍气氛，吸引客户的注意力和激发客户的购买动机，因此讲解用语必须形象、生动。但是，形象、生动并不意味着讲解用语可以到处充斥溢美之词，否则容易给人以华而不实的感觉，客户亦会由怀疑转向不信，结果反倒影响了销售介绍的效果。可见，有效讲解的关键，即咨询口才的关键，不在于借助用词的华丽与否，而恰恰在于遣词的确切、实在和恰如其分，能真实地反映销售品的主要功能和特征。

第三，关于对商品进行生动的描述

销售人员对销售品生动、形象的描述主要是指讲解时多多利用比喻手法。利用比喻，可以使讲解语言更富感染力，更能突出商品的特点，给客户留下深刻的印象。当销售人员需要向客户销售女式夏装时，讲解说“这件衬衣轻如羽毛”，比说“这件衬衣很轻”更为具体、贴切。又例如，向客户介绍夏季用的蚊帐，可把蚊帐的轻和薄，比喻为蝉翼，这样形象地描述出商品的主要特点。如果一个客户正在试穿一双皮鞋，销售人员不应简单地评价这双鞋很适合她穿，而应告诉客户，尺码对她再合适不过了，简直如定做的一样。出售巧克力时，宣传它“含在嘴里立即溶化”，要比宣传它“美味”或“可口”更形象。

不过，讲解中利用描述性词语必须恰当，比喻一定要贴切，哪些地方可以用，哪些地方不宜用，销售人员应准确判断，掌握分寸。不适当地运用，或过多地运用描述性词语，比喻不当都会适得其反，使讲解华而不实，削弱说服力，引起客户的厌烦。

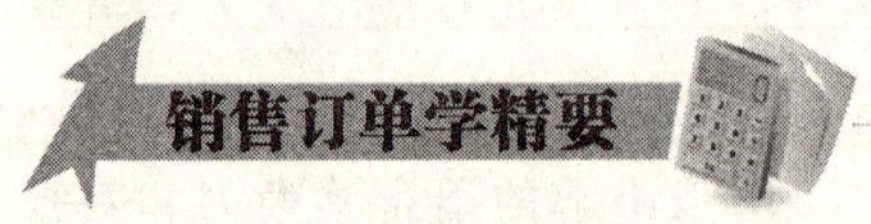

三段论式产品说明

产品说明的三段论首先是陈述产品的事实状况，其次是对这些事实中具有的性质加以解释说明，最后再阐述它带给客户的利益。熟悉这种介绍产品的三段论法，能让销售人员的产品说明变得非常有说明力。

1. 事实陈述。所谓事实状况意指产品的原材料、设计、颜色、规格等，用眼睛能观察到的事实状况，也可以说明产品的一些特征。

2. 解释说明。构成产品的每个性质或特征，具有的意义或功能，销售人员需要很清楚地让客户了解。

3. 客户利益。产品究竟会给客户带来哪些利益？哪些好处？

越容易忽略的细节越不能忽略

如果我们想比别人成功，那么我们一定要做一些别人做不到的事情，特别是别人越容易忽略的细节我们越要重视起来。我们必须靠这种差异来突显我们的与众不同和更加优秀。

曾有一家公司要求销售人员在面谈前先讨一杯水喝，结果这个小小要求提高了成交比例。有一个市场经理听到这个故事后就如法炮制，让他的销售人员中的30个在销售前先讨一杯水喝。几周后，他发现这个实验组的销售业绩提高3%。

这个现象的一种解释是，客户帮了我们一个小忙，好比他在与我们的人情关系上作了一笔投资。因为人人都讨厌失去，故他也害怕失去这份投资，于是他就追加了一笔更大的投资来保住前一笔小投资。另一种解释是，客户帮了我们一个小忙后，他会产生一种错觉，认为他自己必是喜欢我们才帮了我们忙的，为了保持前后一致，他必须继续喜欢我们，故他只好接着又帮我们一个大忙。

阿基米德说："给我一个支点，我就能撬起整个地球。"对销售人员来说，成功销售的支点正是对细节的重视。每个销售人员都应该从多方面进

行细节修炼。

很多销售人员在出现问题的时候，一遍遍思考销售战略、策略哪儿出了毛病，但不知恰恰是对细节的忽视才导致了失败。销售中没有小事，销售在于细节，要用心做好每一件事。

销售豆浆机的是个帅气的小伙子，他干脆利落地把牛奶、黄瓜、胡萝卜、黄豆、绿豆、冰糖等物料整齐地摆成一排，再配套上一个豆浆机，显得非常漂亮，吸引了不少消费者观赏，每一天都能销售上百台。

一个月后，销售业绩开始下滑，并且他发现几乎没有消费者关注他的演示了。细究原因，原来是他每天忙，有时忘记把隔夜的牛奶倒掉，有时又忘记把过期的蔬菜及时处理，导致演示一段时间后，演示台白色的桌面发霉，并产生出一股怪味。这就给消费者造成一种印象：这豆浆机不易清洗，容易得肠胃病！

这真是成也细节，败也细节。

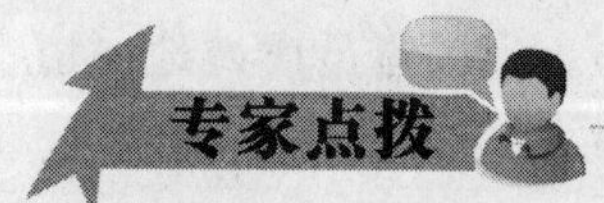

商场的斗争是残酷的，细节疏忽的破坏力有时是惊人的。销售人员要将小事做好、做细，小事成就大事。

第一，销售人员的着装，只比客户好一点点

销售员西装革履公文包，能体现公司形象，但有时候还是要看被拜访的对象，双方着装反差太大反而会使对方不自在，无形中拉开了双方的距离。如建材销售员经常要拜访设计师和总包施工管理人员，前者当然要衬衫领带以表现你的专业形象；后者若同样着装则有些不妥，因为施工工地环境所限，工作人员不可能讲究着装，如果你穿太好的衣服跑工地，不要说与客户交谈可能连办公室坐的地方都难找。专家说：最好的着装方案是只比客户穿得好“一点”，这既能体现对客户的尊重，又不会拉开双方的距离。

第二，永远比客户迟放下电话

很多销售员没等对方挂电话，“啪”就先挂上了，尤其在与较熟的客户电话交谈时。“永远比客户晚放下电话”体现了对客户的尊重。

第三，与客户交谈中不接电话

在与客户交谈中接电话，尽管事前得到了客户的允许，但客户在心底里就会觉得：“好像电话里的人比我更重要，为什么他会讲那么久?”所以销售员在初次拜访或重要的拜访时，绝不接电话，等会谈结束后再打过去。

第四，多说“我们”少说“我”

销售人员在说“我们”时会给对方一种心理暗示——销售员和客户是站在一起的，是站在客户的角度想问题，虽然“我们”只比“我”多了一个字，但却多了几分亲近。

第五，及时记下客户的要求

随身携带记事本，拜访中随手记下时间地点和客户姓名头衔；记下客户需求；答应客户要办的事情；下次拜访的时间等。当销售员虔诚地一边做笔记一边听客户说话时，一种受到尊重的感觉也在客户心中油然而生，接下来的销售工作就可能会顺利一些。

第六，保持相同的谈话风格

长期来看，能说会道的销售员很难保持优秀的业绩，思路敏捷口若悬河，说话更是不分对象像开机关枪般快节奏，很容易引起客户反感。而那些善问会听的销售员，并随着客户的不同，调整自己说话的速度与风格的销售员会成为卓越的销售员。

细节体现艺术与科学，而销售是艺术和科学的融合体，销售员需要增加客户心理学与数学分析等科学知识，需要接受销售行为学的教育，这就是科学。同时要根据当时情境调整销售方法，注意细节关注客户，这就是艺术销售，它很能锻炼人的毅力与风格，销售在拒绝中进行，没有拒绝，

就无须销售。把销售作为一个帮助他人的伟大事业去做的销售员，往往是一个把自信、自律、热情融合一体的销售员。在网络化的今天，销售员更需要有道德，在互联网时代，一个坏的消息将很快传递到世界的每个角落，并长期存在于虚拟的技术世界里。

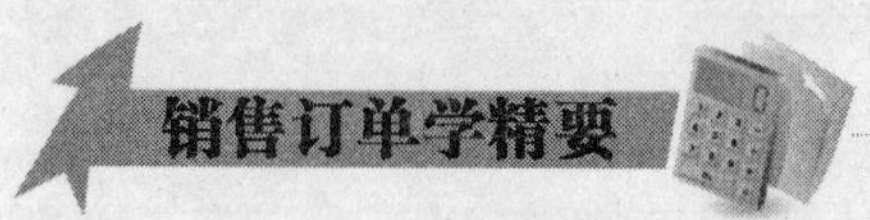

优秀的销售人员应养成的 13 个习惯

1. 遵信守时的习惯。
2. 阅读的习惯。
3. 赞美（笑口常开）的习惯。
4. 和主管互动的习惯。
5. 谈产品的习惯。
6. 随时补充“新名单”的习惯。
7. 每天和客户见面的习惯。
8. 要求客户介绍的习惯。
9. 听演讲做笔记的习惯。
10. 倾听客户讲话时点头，微笑，做笔记的习惯。
11. 订立目标的习惯。
12. 献身于目标的习惯。
13. 不断卷土重来的习惯（改进技巧后）。

第五章

从任何类型客户那里拿到订单——不同类型客户的心理攻坚术

世界上没有两片完全相同的树叶，销售人员也从不会遇到两个完全相同的客户。或者专制、或者感性，或者干练、或者犹豫，或者虚荣、或者节约……销售人员总需要不断适应不同类型的客户以达成目标。

为此，销售人员应该充分研究各类客户的性格，有的放矢地去投其所好，这就要修炼无坚不摧的“心理攻坚术”。

专制型客户面前谦虚谨慎

一个专制型客户就像一个统治者，他希望所有人向其臣服，并为其服务。因此，对他们来说，最令他们高兴的事，无非就是谦虚地为其做事，且把每件事做好。

专制型客户的特点是原则性强、工作有计划、条理分明、思维缜密，他们大多具备坚毅的性格。他们坚信，只有意志坚定，有毅力，才能找到克服困难的办法，实现业务活动的预期目标。

专制型的客户对别人要求严格。他们充沛的注意力与精力总是向外地集中于这个世界；他们不会被内心的默想所分心，因此从不会从实际活动的世界退缩；他们神采奕奕，随时准备投入新领域；他们对这个世界的喜爱总是一再地把他们引导向前，使他们不断地获得新的兴趣和能力。

在与专制型性格的客户交往中需要特别谦虚谨慎。在竞争激烈的销售工作当中，任何一次的疏忽都会导致失败。粗心和马虎不仅可能会影响到自己的成功，而且还会随时成为别人攻击你的有力佐证。

专制型性格的客户意志坚决果断，行动迅速，目标明确，所以对结果要求明确，不需要过多的细节分析。对待此类客户，销售人员应着重强调结果所能引起的作用和带来的效果。这种类型的客户比较理智，相信自己的判断。销售人员可以根据品种档次进行销售，高档品种主要宣传其品牌形象，中档品种则强调安全、品质、价格。

专制型客户作决策比较快，而且一般会为了最终实现目标而追求完美无瑕：这也一向是他们的行为信条。

孙刚是一位销售新人，他的工作是销售各种防盗门窗。上班的第一天，老板就交给他一个很重要的任务，让他到一个很有钱的客户家里销售防盗门。在此之前已经有5位很有经验的销售人员去过，但都没有成功。

孙刚非常紧张，想着自己刚刚入行，没有经验，当他站在客户的家门口时，手脚都在不由自主地发抖，但他还是摁了门铃。一位中年妇女打开门，听他结结巴巴地作完自我介绍后，请他进了屋。

孙刚在那儿待了两个多小时，喝掉了十几杯茶，虽然表现得有些紧张，但出人意料的是那位女士却当场在合同上签了字，买下了价值1万元的防盗门。

在这之前，那位女士已经打发走了5位防盗门窗的销售人员，而且他们的开价都比孙刚的低。但是她为什么偏偏选择和孙刚签单呢？原因其实很简单，那位女士说："这个小伙子敦厚的表现让我放心，我喜欢这个小伙子。"

在那两个多小时的时间里，孙刚凭着他的谦恭、礼貌和真诚赢得了客户的信任，并最终谈好了这笔生意。他没有口若悬河地夸夸其谈，没有和客户谈折扣，没有用花言巧语来蛊惑客户，也没有表现得低三下四、唯唯诺诺或者趾高气扬、目中无人。他谦虚谨慎的态度，换取了客户的喜欢和信任。

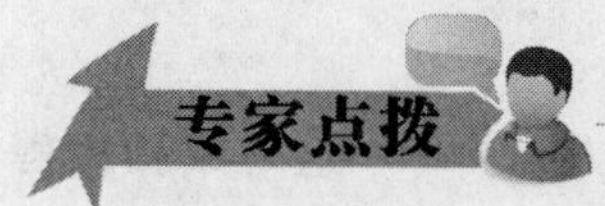

接近不同性格的客户是一门学问，其中也有不少的诀窍。

例如：客户性急，心直口快且善变的话，就很有可能在一时冲动之下而作出决定。这时，我们就要平心静气地作出判断：客户是真的需要，还是一时冲动的决定。有的客户生性多疑，事事考虑周到，不易获得其信任。这时我们就要对产品有深刻的认识，随时准备答复各种质疑，耐心提供大量充实可靠的资料，帮助客户作出决定。还有沉默寡言的客户，他们缺乏表情，态度冷漠，其内心令人难以捉摸。那么作为销售人员，不能因其冷淡的态度而失望，应尽量附和他，不要说太多不必要的话，而请他对你的问题或产品发表意见或批评，反而会取得出乎意料的效果。

在销售过程中，我们每时每刻都要面对各种各样的问题，而解决这些问题的关键手段之一便是有效的沟通。没有或缺乏沟通，许多事情往往会事倍功半，甚至半途而废，一无所获。沟通就是信息由发送方和接收方之间通过环境和设备进行发送和接收，且双向互动的过程。沟通的目的是让对方清楚你的思想，取得共识。

如果客户很愿意接受你的意见，并付诸行动，证明你的行为是有效的，沟通是成功的。失败的沟通会拉大彼此间的距离，导致防备心理越来越重，再沟通的难度也就越来越大。

接近客户是最容易遭到拒绝和挫折的阶段，太多的销售人员对接近客户的挫折无法释怀吧。敞开你的胸怀吧，把每次接近客户当做考验自己的机会，如果失败，分析并记录你失败的原因，把它当做你下次改善的经验。

不管是从事服务销售还是产品销售，良好的沟通技能都是营销的基础。虽然沟通是人类具备的最基本、最普遍的天性，但是在销售过程中要做到有效地与客户沟通也并非是一件简单的事，每一个人都有自己的性格，在职场上，我们经常会因为性格问题与客户产生冲突、误解、拒绝等负面关系。对此，最好不要试图去改变你的客户，你要做的是学会和不同性格的客户相处。

在接近客户的半分钟之内就决定了我们销售的成败——这是成功销售人员共同的体验。在专业技巧上，明确你的主题，每一次接近客户都有不同的主题，例如主题是想和未曾碰过面的潜在客户约时间见面，或想约客户参观演示。

现在随着电子商务的发展，电话已不仅仅是通讯的工具，更成为市场营销、商务拓展的重要工具。电话已成为当前商界中必不可少的沟通工具，相隔千里谈生意，靠的就是电话行销。和一般人员销售的成本相比较，电话行销可提升行销效率及降低销售成本，远胜于人员销售。打电话找生意已经是一个潮流，一种不能抗拒的方法。这门技术，将会为你打开创业之门，令你终身富有。所以在学习的时候，要抱着认真的态度才有好的收获，要充满活力、信心、热情和兴趣。打电话动作简单，三岁小孩都懂，但电话对销售人员来说，这个不到 200 克的听筒好似千斤重一般。

你的目标客户到底在哪里？哪些客户才最有可能使用你的产品？这些信息一定要搞得非常清楚，否则的话，每天打出哪怕再多的电话，可能都是徒劳无效的。池塘里面有非常多的鱼，各种各样，你希望得到哪种鱼呢？要先观察，你想得到的那种鱼大多集中在什么地方，不要没有目标地胡乱钓鱼。

首先你必须明确此次电话访谈的目的，要知道你想通过此次电话访谈得到什么。在拨打电话之前，应该对达到预期目标的过程进行设计。给一家公司的多个部门打电话，这不仅可以帮你找到正确的访谈对象，还可以帮助你了解该公司的组织运行模式。如果你需要给许多类似企业打相同的电话，这些信息就会大有帮助。人力资源部、总裁办、采购部、投资部等都是可以进行首次接触的部门。

在进行完你个人和公司的简短介绍后，应首先征询受访者的许可，然后再进入电话访谈的正式内容。如果受访者此时很忙，那就尽可能与受访者约定下次访谈的时间。电话访谈进行中要注意倾听电话中的背景音，例如：是否有电话铃声、门铃声、讲话的声音等，此时应询问受访者是否需要离开或进行处理，这表明你对受访者的尊重。最后一点，也是最重要的，一定要有信心和恒心，坚持下去，你一定能够找到那个向你提供信息或者购买产品的人。

打电话找客户是销售人员全部工作的一部分，整个月的成绩，决定于每天的工作成绩，每天的工作成绩又决定在每个小时的工作量内。长远的目标是由小目标累积而成的，所以工作的时候，我们要注意每个小时的收益，否则工作只会是浮夸而不踏实，没有成绩的。

电话找客户的过程中，一定会碰到钉子的，并不是每个人都喜欢听你作销售的，当对方掷下电话的时候，你最重要的是保持镇静；对方说“不”的时候，你要微笑着说“多谢”，然后才轻轻挂上电话。

销售人员说真话的秘诀

1. 不夸大事实。有些人吹牛吹得没有分寸，歪曲了事实。更可悲的是，时间一久，这些人也相信自己所夸大的事实了。因此，不要绕着事实恶作剧，不要在它的边缘兜圈子，更不要歪曲或渲染它。

2. 三思而后言。这点其实很容易做到的。也许你讲话过快，以至于中心意思不够突出；或者你表达能力较差，无法有序表达自己的观点。这都不要紧，只要耐心等待，直到自己的声带与大脑完全合拍，这样你再开口则基本不会出现任何问题。

3. 用宽容调和矛盾。矛盾常常是尖锐的，但仍然要说出来。“不过”——这个“不过”不是表示可以说谎，它只是表示要缓和事实，使它不致伤害一个人的情感。要说真话，但要避免使对方感到困窘。

4. 别为他人作掩护。有时候，你可能会遇到别人要求你为他说谎，或为他们掩饰实情。要记住，你不可以答应的。

与感性型客户挑起情感共鸣

一个感性的人往往内心丰富，且容易外露，以寻求共鸣。对于这样的客户没有什么比与其产生情感上的共鸣更能令其满意和愿意信任的了，而且情感的共鸣直接会淹没掉理性的警惕。

“感人心者，莫先乎情。”现代营销理论指出，情感是客户和产品之间联系的纽带。传统营销理论中的“理性消费者”正越来越多地受到质疑，许多顶尖的销售人员已开始从“感性、体验、欲望”的角度重新思考客户的需求。

对于感性型客户来说，建立良好的关系、挑起情感共鸣尤其重要。

要说服感性型客户，必须和他产生情感共鸣，而阻碍情感共鸣的因素之一是对方认为“我和你是属于两个完全不同的世界”，此时销售人员必须让对方意识到，你们是属于同一个世界，同一个阵营的才行。

与感性型客户打交道时，在进入主题之前，不妨尽量谈谈和主题无关的事情，例如彼此的经验、嗜好或家庭，让对方多了解一下你，这样一来，对方的心就像被熨斗熨过一般，服服帖帖，警戒心会完全消失，这是制造轻松气氛的最好暖身运动。

在上门销售上做得比较成功的销售人员一进入客户的客厅，会立刻找寻与那位家庭主妇有关的事物为话题，例如看到花瓶里的康乃馨，就说："我也很喜欢这种花"，来造成和对方的情感共鸣。

一对老夫妇选购彩电，他们看了几种品牌，始终拿不定主意。

销售人员通过交谈得知，两位老人是为将要出嫁的女儿买嫁妆。出于对女儿的怜爱，他们希望给女儿买一台功能全、价格贵一些的彩电。营业员又从两位老人那里了解到，女儿、女婿因为科研工作忙，连挑选彩电的时间都挤不出来。销售人员十分诚恳地说："买电视机，按需求去买才划算。买功能多的，如果平时不用，等于白花钱。您要是信得过，我建议买这种品牌的，不但实用，剩下的钱还可以添置一组书柜，也许女儿、女婿更需要。"

这番话让两位老人十分感动，他们说："难得你说出了这么中肯的话，我们完全相信你，你就帮助选一台电视吧。"在这位销售人员的热心帮助下，老人高高兴兴地买了一台彩电。

这位销售人员不但与客户建立了良好的情感联系，还把握到了今后更多的成单机会。

在销售的过程中，我们能够深刻地体会到客户的情感直接影响成交效果。客户的情绪可以告诉我们他将采取什么行动，是引导企业的指南针。所以销售人员要针对不同客户进行管理和设计情绪、情感着力点，根据客户不同生命周期的特点进行管理，在做好基础工作的同时，做好客户的情感管理工作。

第一，目标客户的情感管理：情感引发眼球注意力

销售人员有了清晰、明确的目标客户之后，必须找到各种方式吸引客户，了解他们的情感需求是什么，他们需要通过企业所提供的产品、服务来解决自己情感方面的什么需求，他们的喜好是什么，他们的生活习惯是什么，他们的行为模式是什么……有了这些基础认知之后，可以选择对其情感有突破作用的重拳出击。或者让目标客户觉得无比愉悦，或者挑战他的常识，引起他的关注，侧面抢占市场空白点。

第二，潜在客户的情感管理

医院从来是众多奶粉商家的必争之地。为什么？因为新生儿喝下的第一杯牛奶将决定他以后喝什么奶。即使更换，新生儿由于胃口等等原因，需要一个适应期。哪个家庭愿意承受让孩子吃得不舒服的风险来更换奶粉、降低成本呢？

这就是客户使用中的“产品更换成本”。所以，如何通过情感引导你的客户喝下“第一杯牛奶”是情感营销必须着力策划与执行的。当客户有钱、有需求、有能力时，他凭什么要选择你的产品、服务？请给他一个强有力的理由。

世界上什么是最难替代、千金不易的？情感。优秀的质量、卓越的品质、低廉的价格、方便的购买渠道……它们都太容易被抄袭、超越了，只是情感是不会轻易更改的。与你的客户建立情感联系，让他们因为情感而选择你的产品、服务，你将会得到一份更加稳定的关系。

第三，加强情感维系，成为客户知冷知热的知己良朋

营销大师科特勒区分了企业与客户之间的5种不同程度的关系水平：基本型，销售人员把产品销售出去就不再与客户接触；被动型，销售人员把产品销售出去并鼓励客户在遇到问题或者有意见的时候和公司联系；负责型，销售人员把产品销售出去以后联系客户，询问产品是否符合客户的要求，有无改进建议，以及任何特殊的缺陷和不足，以帮助公司不断地改进产品，使之更加符合客户需求；能动型，销售人员不断联系客户，提供有关改进产品用途的建议以及新产品的信息；伙伴型，公司不断地和客户共同努力，帮助客户解决问题，支持客户的成功，实现共同发展。

我们看到，伙伴型的关系是销售人员与客户双赢的最佳解决方案。我们必须通过情感上不断支持客户，共同努力，才能维系住彼此的关系。“客户的购买是销售的开始”，与既得客户加强情感维系，成为客户知冷知热的知己良友将让客户更加坚信自己的选择是正确的，这就加强了客户的情感归依，并愿意向更多的人宣传推荐企业产品、服务。

第四，老客户的情感管理

老客户对企业像金子一样珍贵。销售人员应持续创新，不断给老客户新鲜感，缩短老客户使用产品服务的心理需求周期，让他们不断有再次进行消费或购买新的产品的行为，并对他们的忠诚进行表彰和嘉许，在精神和物质两方面对他们进行感谢。

第五，流失客户的情感管理

计划外的客户流失，包括不正常的员工流动都必须引起销售人员足够的重视。“千里之堤，溃于蚁穴”，是什么原因让客户离开呢？是产品服务让客户觉得闷了吗？是竞争对手有新招式了吗？沉默离开的客户也许将带来负面的口碑。要从情感上影响他们，引导他们和企业一起回顾来时的风雨长路，谢谢他们曾提供的每一个服务的机会，请求他们再提供一次机会来帮助企业进行改进——创造这次机会，也许你将获得更多的机会。

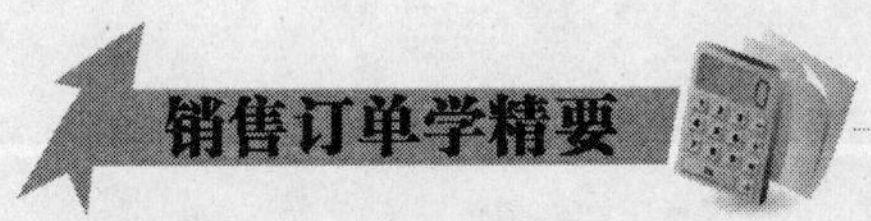

好心态养成精要

1. 燃烧你的热情。它能够帮助你走出失落的心境，重新点燃你的激情，让你的特长有用武之地，使你很容易就能达到预定的销售目标。

2. 控制惰性。惰性对人意志的损伤是极大的，你可以定下目标和达成奖励，以激励自己不断前进。

3. 增加销售原动力。懂得如何聚集动力，如何节俭、集中地使用动力固然重要，但首先你必须具备动力。动力是一种积极、主动的力量，是一种去做的愿望。销售活动从本质上讲是一种探索未知的活动，探索性的特点决定了它有失败的可能，因此需不畏艰险，顶住压力，排除障碍，增强原动力。

4. 摒弃悲观消极的思想。摘掉你用来看待生活的“忧郁”的有色眼镜，能使你看清楚生活中友善的明媚阳光。把你的“铁锤”丢掉，停止敲打，因为生活中的大奖是颁给建设者，而非颁给破坏者的。

5. 舒缓身心。每天工作结束后，用少许时间，回想自己做过的事情，以及为什么要这样做。静心分析这些原因，你就能清晰地知道自己的目标是什么，以及应该采取什么样的措施才能改变现在的境遇。

6. 区分优先次序。重新定义自己做事的先后顺序，同时为每一件事情规定一个完成日期，把这些内容写下来，不仅可以使紧张的心情安静下来，还可以清晰地绘制出合理的计划。

7. 描绘成功的场景。设想出成功的思路，在此基础之上推动销售进步，其中最为关键的一步是重新整理自己的思路，避免在思路上出现失误。

对干练型客户话术简明扼要

如果客户不希望在任何事情上浪费他的时间和精力，那么你就更不能在任何细节上让他感觉到你在浪费他的时间和精力。特别是在对其进行说服时，你必须用最简单的词语表达最准确的意思。

干练型客户一般比较精明，并且拥有一定的知识，文化素质也比较高，能够比较冷静地思考，并沉着地观察销售人员。他们能从销售人员的言行举止中发现端倪和问题，他们总给销售人员一种压迫感。

这种客户讨厌虚伪和造作，对自己的判断都比较自信，他们一旦确定销售人员的可信度后，也就确定了交易的成败。也就是说，销售给这些客户的不是商品而是销售人员自己。如果客户认为你对他真诚，他们可以与你交朋友，他们会把整个心都给你，这交易也就成功了。但如果他们确认你有些造作，他们就会看不起你，会立即打断你，并且下逐客令把你赶走，没有丝毫的商量余地。

这类客户大都判断正确，即使销售人员有些胆怯，但很诚恳、热心，他们也会与你成交的。

对待干练型客户有两个原则，一是简明扼要地阐述观点，不要兜圈子、说假话，用真诚和热心打动客户，使之对自己产生信任。二是多交谈，在某一方面与之产生共鸣，建立起像朋友一般的牢固关系。当然，这些都是在洽谈前要经过调查的。这样他们会认为你与他们有共同话题，他们就会把你当做知心朋友来对待，那交易自然也就成功了。这种方法还应当让他们尽量了解你的一些情况，并且告诉他们一些你的隐私，把他们当做朋友看待，这样，他们也会把你当朋友的。

美国雷顿公司总裁金姆曾当过销售人员。在一次订货会上，规定每人有10分钟登台销售的时间。金姆先将一只小猴装在用布蒙住的笼子里带进会场，轮到他上台时，他将小猴带上讲台，让它坐在自己肩膀上，任其跳窜，一时间场内轰乱。不一会儿，他收起小猴，场内恢复平静，金姆只说了一句话："我是来销售'白索登'牙膏的，谢谢。"说完便飘然离去，结果他的产品风靡全美。

金姆采用的陪衬销售法，别出新裁，别具一格，短短一句话给人留下极深刻的印象，达到了最佳的广告宣传效果。

赢得客户的好感是成交的基础，而这个过程都基于三个出发点——尊重、体谅、使别人快乐。以下几个方法可以帮助你更快地取得客户的好感，建立良好的关系，而从以上三个出发点思考，相信你能发现更多的好方法。

第一，别出心裁的名片

别出心裁的名片，能吸引潜在客户的注意。名片代表递出名片的人，

名片若和一般人使用的大同小异，那么名片无法传达特殊讯息而引起潜在客户的注意。若是你的名片设计独特，必能引起潜在客户的注意，对你的言谈举止也会特别地留意。由于科技的进步，你能以极低的成本，迅速制作出不同款式、图文并茂的名片。可针对不同的拜访对象，设计使用不同形态的名片，以立即吸引初次见面的潜在客户。

第二，良好形象

在你拜访一个潜在客户之前，检查一下自己的穿着很重要。这样他们会喜欢你并认同你和他们是同一类的人。穿着是客户见到你的第一印象，得体的穿着让客户的心情放松。良好的形象出现在客户面前，这种形象包括衣着、谈吐、必要的礼仪。尤其是要注意给客户良好的第一印象，从而拉近与客户的心理和感情距离。

第三，肢体语言

调查表明超过半数的人认为走路方式是让对方认可的重要指标，走路可以看出你的自信心。一个不介意走路方式的营业员会让客户反感，因为肢体语言能够表达出一种趋势，那就是你是否自信，或者是否侵犯他人。

微笑。微笑如同一剂良药，能感染你身边的每一个人。能以微笑迎人，让别人也产生愉快的情绪的人，是最容易争取别人好感的人，没有一个人会对一位终日愁眉苦脸、深锁眉头的人产生好感。

握手。握手能表达你信任、自信和能力。当然有的人或有的场所就不适合握手，也有些人就不愿意握手，所以你要注意，为了避免和那些不愿意握手的人出现尴尬的局面，你可以保持右手臂微屈放在体侧。当对方伸手时，要有所准备。握手在大多数场合都是合适的，但要正确掌握方式方法。花点时间体会你和别人的握手，你能感受到对方的态度。

第四，满足客户的优越感

每个人都有虚荣心，让人满足虚荣心的最好方法就是让对方产生优越感。巧妙地奉承、阿谀固然能满足一些人的优越感，但也有弄巧成拙的时候。让人产生优越感最有效的方法是对于他自傲的事情加以赞美。

若是客户讲究穿着，你可向他请教如何搭配衣服；若是客户是知名公司的员工，你可表示羡慕他能在这么好的公司上班。客户的优越感被满足，初次见面的警戒心自然也消失了，彼此距离拉近，能让双方的好感向前迈一大步。

请教问题是吸引潜在客户注意的一个很好的方法，特别是你能找出一些与业务相关的问题。当客户表达看法时，你不但能引起客户的注意，同时也了解客户的想法，另一方面你也满足了潜在客户被人请教的优越感。

第五，告诉潜在客户一些有用的信息

每个人对身边发生了什么事情，都非常关心、非常注意，这就是为什么新闻节目一直维持最高的收视率。因此，你可收集一些业界、人物或事件等的最新信息，在拜访客户时引起潜在客户的注意。

第六，记住客户的名字和称谓

每个人都希望别人重视自己，重视对方的名字，就如同看重他一样。

卡耐基小的时候家里养了一群兔子，每天找寻青草喂兔子，成为他固定的工作。年幼时家中并不富裕，他还要帮着母亲做其他的杂事，所以有时候实在没有充裕时间找到兔子最喜欢吃的青草。因此，卡耐基想了一个办法：他邀请了邻近的小朋友到家里看兔子，要每位小朋友选出自己最喜欢的兔子，然后用小朋友的名字给这些兔子命名。每位小朋友有了自己名字的兔子后，每天这些小朋友都会迫不及待地送最好的青草给自己同名的兔子。

了解名字的魔力，能让你不劳所费就能获得别人的好感，千万不要疏忽了它。销售人员在面对客户时，若能经常、流利、不断地以尊重的方式称呼客户的名字，客户对你的好感，也将愈来愈浓。

第七，初步接触后的跟进

在拜访客户结束后，并不意味着此次拜访工作的结束，销售人员还要做好以下工作：填写销售报告及拜访客户记录卡、落实对客户的承诺、评估销售业绩、对拜访目标和实际结果进行比较分析。

此外，销售人员还应带上本子，对客户提的意见和建议、经营中碰到的困难和市场上发现的新问题等，及时做好书面记录。这有助于你分析问题存在的原因，找出自身的不足，制订好解决办法。

成功销售需警惕情绪陷阱

1. 乱发脾气。做销售工作，被拒绝如家常便饭，这时不应乱发脾气，而应时刻保持一颗冷静的心。有些销售新人在愤怒情绪的支配下，往往不顾别人的尊严，以尖酸刻薄的言辞予以还击，使对方的尊严受到伤害。实际上，这样虽然能使心中的怨气得以发泄，但到头来吃亏的还是自己。

2. 猜疑。猜疑是生意场中的腐蚀剂，它可使即将成交的生意前功尽弃。如果与客户发生误会，交易就难以取得成功。所以，作为销售人员，一定要与客户保持畅通的交流，否则就会因为猜疑而失去客户。

3. 妒忌。妒忌对一个人的身心健康成长是极为不利的。对于销售人员而言，如果看到其他同事取得良好的业绩就妒忌、诅咒甚至诋毁，遭遇挫折就幸灾乐祸，那么他根本不可能得到同事的帮助，在销售工作中也难以打开局面。

4. 恐惧。一次失败的经历或尴尬的遭遇都可能使人变得恐惧，特别是初出茅庐的销售人员。比如，一名销售新人首次拜访客户就遭到拒绝，那么当他下一次拜访客户之前，心里难免会有一些恐惧的阴影。造成恐惧的原因大多是销售新人缺乏自信，要想克服这一弱点，销售新人必须苦练销售技巧，并练就过硬的心理素质。

5. 焦虑。产生焦虑情绪而不想方设法加以控制和克服，就会在客户面前失去自信。这样一来，客户就很难相信销售人员所销售的产品。

6. 自珍情结。坏脾气的人通常会为自己定格："我这人就是脾气急了一点，但是心肠比较好，为人正直，而且是个性情中人。"这样的人通常有自珍情结，而且会把自己在某一环境下的坏脾气变成习惯，不经意之间便奉为信条，这样一来坏脾气就成了不良性格。

为犹豫型客户给出专业性建议

客户没有时间去成为我们所销售产品的专家，他们所信赖的是我们的专业知识。但客户有很多时间去犹豫是否作出购买决定，相反，我们却没有更多的时间等待。那么就利用我们的专业知识去缩减客户犹豫的时间吧。

犹豫型客户对待每件事都很认真谨慎，他们不会轻易决定一件事是该做，还是不该做的。对于销售人员他们都有一种本能的防御心理，对于交易也如此。所以这类客户一般都比较犹豫不决，没有主见，不知是否该买。同样，这类客户也不会断然加以拒绝。

这类客户通常情况下很少说话，当销售人员向他们询问问题时，他们只是“嗯”、“啊”几句来应付。交谈中他们只是点头，总觉得别人说的都是对似的，他们一般不会开口拒绝别人。

销售人员需要在犹豫型客户面前扮演一个专业顾问的角色，给出专业性的建议，促使其果断购买。其中的双赢策略是客户购买产品，而销售人员帮助客户消除疑虑。

这类客户身上还有一种常见现象，就是比较内向，所以对他们说话要亲切，尽量消除他的防御心理，这样犹豫型客户才能静下心来交流，交易也才能更顺利。有过第一次成功圆满的交易后，这类客户对于再一次的销售接受度很高，只要销售人员说上几句话，十拿九稳交易就又成功了，他们绝不会寻找理由拒绝。

一位年轻人想买一两件衬衫来搭配新西服，于是走进了曼哈顿的一家男装店。他是刚来到大都市的，因为怕被敲竹杠而感到有点紧张不安。

一位年长的销售人员，从店中央迎面走来，抬头直视客户的眼睛，并且面带微笑，然后很温和地对他说："欢迎光临，请随便看看。"

年轻人开始四下浏览的时候，销售人员走近他，并在离他十二英尺的距离停下。"您今天有什么特别想看的东西吗？"

年轻人告诉销售人员说："我想要买一两件衬衫。"

销售人员问他："请问先生，您在什么场合穿这些衬衫?"

年轻人说："在做销售时。"

那位销售人员又问道："您穿这些衬衫搭配什么颜色的西装呢? 您比较喜欢哪种颜色，您心里有预算了吗?"

年轻人对他说："我也不确定要买哪种款式的衬衫，而且我还没有想到应该要花多少钱。"

销售人员非常耐心地向年轻人介绍所有的衬衫，并且解释它们的材质、剪裁、缝制、价格、袖口，以及维护方式。他向客户解释不同颜色组合的西装、领带以及如何搭配衬衫色彩以发挥最大的魅力。

半个钟头后，客户拎着两大袋的衬衫和领带走出了那间商店。当销售人员送客户到门口时给了他一张名片，说："如果您日后有什么需要服务的地方，随时欢迎给我们打电话或再度光临。"

年轻人看名片发现，销售人员居然是这家服装店的老板！现在年轻人一点都不诧异为什么他可以在纽约的闹市区里这么成功地开了一家大服装店，他确实是销售行业的大师。

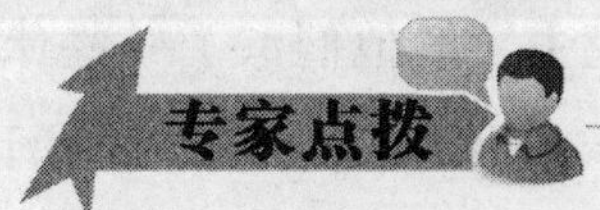

你在与潜在客户见面前，是否能事先知道客户面临着哪些问题? 有哪些因素困扰着他?

比如，性格上犹豫不决的客户，说话迂回，不好意思与人对视，语气较轻，看上去想与任何人都保持距离。面对这样的客户，首先要找出他们不能作出决定的原因，然后帮助他们明确目标。最好能从寒暄入手，化解双方的陌生感，同时为他们提出一些建议和方案，再逐步引导出他们真正的需求。你若能以关切的态度站在客户的立场上表达你对他们的关心，协助潜在客户解决面临的问题，让客户感受到你愿意与他共同解决问题，他必定会对你立刻产生好感。例如，当客户的复印费用因管理不良而逐年升高时，你若能承诺协助他解决复印费用的问题，客户会注意你所说的每一句话。

几年前政府机关的许多文件是使用大8开的纸张，大8开要比B4尺寸略大，一般复印机只能用A3复印后再裁减，非常不方便。这个问题各家复印机厂商的销售人员都很清楚，但复印机都是从国外进口的，国外没有大8开的需求，因此进口的机器根本没有大8开的设备提供复印。

施乐的一位销售人员，知道政府机关在复印上存在这个问题，因此，他在拜访某个政府机关的主管前，先去找施乐技术部的人员，询问是否能修改机器，使机器能复印大8开的尺寸。技术部人员知道了这个问题，略为研究后，发现某一个型号的复印机经稍微修改即可印大8开的纸张。销售人员得到这个消息后，见到该单位的主管，告诉他施乐愿意特别替政府机关解决大8开复印的问题。客户听到后，对施乐产生了无比的好感，在极短的时间内，施乐的这款机器便成为为政府机关服务的主力机型。

一位人寿保险经纪人曾经说，“你以为我是怎么去销售那些种类繁多的保险商品的啊？我的客户90%都没有时间真正去了解他们保了一些什么，他们只提出希望有哪些保障，他们相信我会站在他们的立场，替他们规划，所以对我而言，我从来不花大量的时间解释保险的内容和细节，我认为，我的销售就是学习、培养、锻炼一种值得别人信赖的风格。”

“客户不是购买商品，而是购买销售商品的人”，这句话流传已久。说服力不是靠强而有力的说辞，而是仰仗销售人员言谈举止散发出来的人性与风格。

丰田公司的神谷卓一曾说：“接近客户，不是一味地向客户低头行礼，也不是迫不及待地向客户说明商品，这样做反而会引起客户反感。我只会销售汽车，因此在初次接近客户时，往往都无法迅速打开客户的心理防线。在无数次的体验揣摩下，我终于体会到，与其直接说明商品不如谈些

有关客户太太、小孩的话题或谈些乡里乡间的事情，让客户喜欢自己才是销售业绩的成败关键。因此，接近客户的重点是让客户对一位以销售为职业的业务人员抱有好感。”

满足客户的需求已成为销售成功的关键，答案是：帮助你的客户，与客户缔结战略伙伴关系。基于这种战略伙伴关系，帮助客户发掘市场潜在机会，然后与客户共同策划、把握这些潜在机会，以此来提高客户的竞争实力，这对双方都是十分有利的。

一切从客户的利益出发，目的就是为了维持客户的忠诚。因为只有长期忠诚的客户才是销售人员创造利润的源泉，所以销售关注的焦点应从内部运作转移到客户关系上来。

对客户仅仅做到洗耳恭听是不足以维系合作伙伴关系的。态度和善的客户有时也会表达出对自己的判断没有信心。接待这样的客户，应该先给予正面的赞赏，然后与他们共同研究可能需要的服务。确认客户完全了解你所提供给他的解决方案后再开始执行，可能的话让客户全程参与，会产生更好的效果。必须全面了解客户的业务结构和经营理念，源源不断地向他们提供新的思路，使其充分发挥自身潜力，帮助客户发掘更多潜在机会。帮助客户就是帮自己。

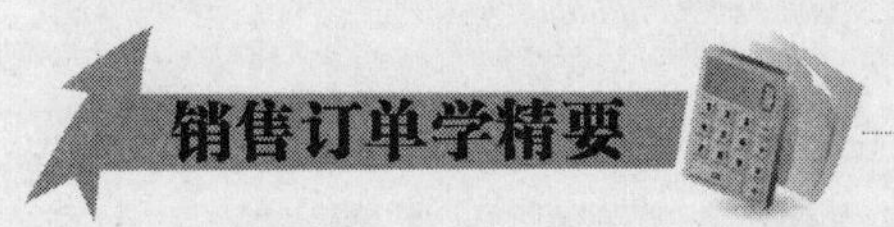

销售人员所需要知道的产品知识

熟悉本公司产品的基本特征，这实际上是销售人员的一项基本素质，也是成为一名合格销售人员的基本条件。销售人员在上岗之初就应该对产品的以下特征有着充分了解，包括：产品名称；物理特性，包括材料、质地、规格、美感、颜色和包装；产品功能；技术含量，产品所采用的技术特征；产品价格和付款方式；运输方式；产品的规格型号等。

销售人员应该表现得像一个专业而沉稳的工程师，应该客观冷静地向消费者表明产品的构成、技术特征、目前的技术水平在业界的地位等等。当然，此时销售人员介绍产品的语言一定要力求简洁明朗，而不要向消费者卖弄他们难以理解的专业术语。

要知道，销售人员对产品的基本构成分析得越是全面和深入，表现得越是从容镇定，给消费者留下的印象就越是专业和可靠。与建立在这一基础之上的客户沟通就会比喋喋不休地对产品进行华而不实的宣传顺畅得多。

给虚荣型客户更多赞美

人类最基本的相同点，就是渴望被别人欣赏和成为重要人物的欲望，你的客户也不例外。那么，何不满足他，反正我们需要的结果无非就是把面子给客户，把业绩给自己。

虚荣型客户都喜欢夸夸其谈，甚至喜欢吹牛，认为自己什么都懂，别人还没说出自己的观点，他就会打断人家说："我知道。"

这些客户常常是在炫耀自己，让人听了有些反感。不过，虚荣型客户有一个最大的优点，那就是毫不遮掩，心里有什么就说什么，销售人员如果想探询什么消息，就可以找这些客户，他们一定会炫耀似地说给你听，并且知无不言，言无不尽。

由于这类客户比较善于表现自己，销售员在与他们交谈时，必须尽量显示出自己的专业知识，使他们对你产生敬佩。这样他就会对你产生信任感，并且交易成功率也就很大。

每个人都有被尊重的需要，渴望得到他人的赞美是人的一种天性。赞美可以化干戈为玉帛，赞美可以使陌生人变为朋友，赞美可以使对方感到温馨与振奋。俗话说："美言一句三冬暖。"与虚荣型客户见面，简单几句赞美的话语，往往可以得到出其不意的效果。

销售人员第一次去拜访一家商店的老板。

"先生，你好!"

"你是谁呀?"

"我是平安保险公司的李强。"

老板一听说是保险公司的马上说："我不买保险，请你去别的地方销售吧。"

李强说：“今天我刚到贵地，有几件事想请教你这位远近闻名的老板。”

“什么？远近闻名的老板？”

“是啊，根据我调查的结果，大家都说这个问题最好请教你。”

“哦！大家都在说我啊！真不敢当，到底是什么问题呢？”

“实不相瞒，是……”

“站着谈不方便，请进来吧！”

就这样，销售人员轻而易举地过了第一关，也取得了客户的信任和好感。

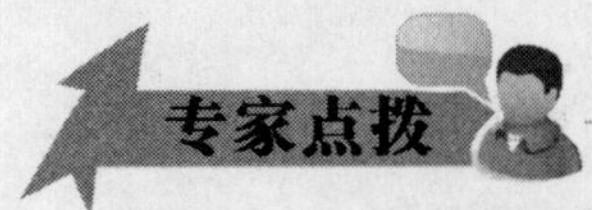

威廉·詹姆斯认为：“人类最基本的相同点，就是渴望被别人欣赏和成为重要人物的欲望。”

适当地赞美客户不仅能体现销售人员高深的文化修养，更能为业务的促成起到推波助澜的作用。因此，懂得赞美的人，肯定是优秀的销售。

出自于内心的赞美会令人心花怒放，同时赞美也是人与人之间沟通的润滑剂。对于销售人员来说，赞美是一种必需的训练。在最短的时间里找到对方可以被赞美的地方，是销售人员必须具备的本领。赞美的内容可以是一条时尚的领带，一件新式的衬衫，流行的发型，新潮的眼镜，精致的办公室，和蔼可亲的态度，香浓的咖啡等等，只要你的赞美出自真诚，就能起到神奇的作用。一个失败的销售人员总是寻找缺点去批评，而一个成功的销售人员总是寻找优点来赞美，因为他能够透过赞美而接近客户！

出自肺腑的赞美，总能产生意想不到的奇效。人一旦被认可其价值，总是喜不自胜。作为一个销售人员，必须经常以找出对方的价值为首要任务。这样便会使销售在友好、和谐的气氛中取得好的效果。时刻不忘对方的价值诉述，还要设法使对方对那价值有新的认识，从中创造出崭新的自己，这样你就等于扮演了鼓励他、帮助他的角色，对方对你的好感就会越来越强烈。赞美的内容有很多，如外表、衣着、谈吐、气质、工作、地位，以及能力、性格、品格等等。只要恰到好处，对方的任何方面都可以成为赞美的内容。

要想成为销售高手，就一定要找出客户的优点并告诉他们。每个人都有自己的优点，也有不足的地方，一个事业上不成功的人，可能是一位热心人，一位有爱心有责任感的父亲；一个地位不高的人，可能是一个非常能干的师傅，或某一方面的专家。尽量地找出别人特别的地方并在适当的场合下，以适当的方式告诉他。

称赞就好像是在丢皮球，皮球丢过去之后，如果是一个好球，对方一定也会投桃报李，回你一个好球，你也可以获得别人的赞美，如此形成一个良性循环。要获得别人的信任应实践本杰明·富兰克林的话："不要批评别人，要称赞所有自己认识的人。"

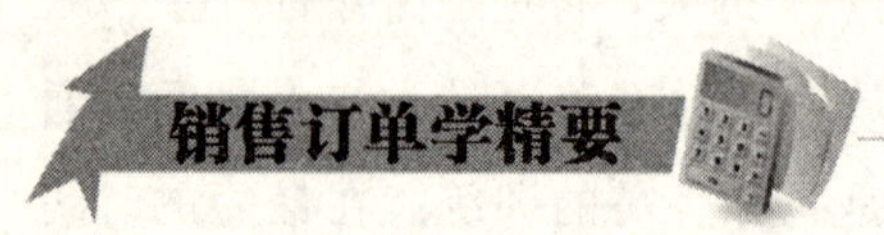

创造客户满意两大准则

1. 不给客户过高的承诺

客户满意是建立在客户期望之上的。期望值的大小决定了满意度的高低，而且他们之间是呈反比例关系的，期望值越小则越容易满意。由此可知，降低期望值是提高满意度的一个重要途径。

如何降低客户的期望值呢？有效的方法就是不要给予客户过高的承诺。例如，如果你的企业可能在接到通知之后 18 小时内赶到，则只承诺 24 小时提供售后维修服务。

2. 提供超值的服务

超值服务对客户而言意味着更多付出，超值服务可以提高客户的满足感，许多销售人员的成功，很大程度上便是得益于此。

跟节约型客户谈性价比

没有人愿意把钱花在没有价值的事情上，更何况那些节约型的人，他们甚至想把更少的钱花在具有更大价值的交易上。因此，面对节约型客户，你要做的就是让他意识到他的钱花得多么有价值，要多大有多大。切记，在客户没有充分认同你能带给他的利益前，不要轻易地陷入讨价还价的战斗中。

节约型客户一般看起来比较小气，不会因为稳定、因为信任、因为关系而选择一个固定的供应商。他们会首先比较价格，压低对方利润，同时要求质量。

其实节约型客户也并非一毛不拔的人。他们花钱都是花在刀刃上，销售人员只要能激发他们的兴趣，而后分析物有所值，让他们有感受，着重强调一分钱一分货，将商品的特征解释清楚，指出价值所在，告知价格不只是价格，还包含了许多其他的成分，强调产品的生命成本或强调投资回报率，告知对方性价比高才是重点，否则一切都是浪费。

此外，销售人员还需说清楚差价的异议，试探出节约型客户的心理价格底线，以价差来衡量在服务与产品上的差异。只要能做到循循善诱，

节约型客户就会很爽快地打开荷包，比如对方以价格为由，拒绝购买你的产品，你就可以分几次销售把一年划分到每一个月中以减少价钱上的压力。

有一对颇有名望的外商夫妇，在一家商店选购首饰时，对一只8万元的翡翠戒指很感兴趣，但因价格昂贵犹豫不决。

这时善于察言观色的售货员介绍说，某国总统夫人来店时也曾看过这只戒指，而且也非常欢喜，但由于价钱太贵，没有买。这对夫妇听完后，为了证明他们比那位总统夫人更有钱，就毅然买下了那只戒指。

这位销售人员只用一句话，点明了商品带来的附加值——品味、地位和尊荣。尽管价钱不变，性价比却大大提高了，打动了客户的心。

除非你是以极明显的低价促销，很少会有客户不嫌价格贵的，只强调一分钱一分货，而不告诉客户他能得到哪些利益，你是无法销售这些产品的。

虽然每个人都会抱怨价格太贵，但是根据前几年美国财富杂志的调查报告指出：大约只有4%的客户在购买产品时真正考虑价格，其余的96%都会考虑品质。

因此，价格的高或低，不在价格本身，而是在客户觉得他从产品上获得利益的大小。例如：你将股票及一张贴纸让小朋友们挑选，恐怕没有小朋友会选股票。价格问题只是一个表象，当你接收到客户提出的价格异议的讯息时，你应该想到还有哪些利益是客户还不知道的。我要如何让客户感到更多的利益，而不是说“一分钱，一分货”、“保证值得”、“实在不贵”、“用了就知道”、“保证不会让你后悔”、“保证你买了还会再来”等空洞不具体的话语。

比如说，化妆品的销售人员，要能让客户深信能得到“青春永驻”的利益，健康食品的销售人员要让客户相信能得到“延年益寿”的利益，“青春”与“长寿”岂是价格能衡量的。更极端的例子是一些宗教的首领能让信徒花20万、50万买一幅咒符或者一尊普通的塑像。这些例子是告诉我们，只有给客户更多认同的利益，才能处理价格的异议。

在这时，销售人员需要遵循以下原则：

第一，以防为主，先发制人

根据事前掌握的客户的各种资料以及在接触、商谈过程中所获得的反馈信息，对客户可能要提出的价格异议作出正确和全面的判断，然后先发制人，即不等客户开口讲出来，就把一系列客户要提出的异议给予化解。

第二，先价值，后价格

在业务磋商中，要遵循的第一条原则是：避免过早地提出或者讨论价格问题。不论产品的价格多么公平合理，只要客户购买这种产品，他就必定付出一定的经济牺牲。正是由于这种原因，起码应等客户对产品的价值有所认识后，你才能与他讨论价格问题。产品价格本身是不能引起客户多少购买欲望的，只有使客户充分认识了产品的价值之后，才能激起他们强烈的购买欲望。客户的购买欲望越强烈，他们对价格问题的考虑就越少，销售人员在商谈中尽量在时间顺序上先谈产品价值，后谈价格。

第三，多谈价值，少谈价格

这条原则与上条原则相比，上条强调的是时间顺序，这条强调的是谈话内容，要求多谈产品价值方面的话题，尽量少提价格。这是因为在交易中，价格是涉及双方利益的关键，是最为敏感的内容，容易造成僵局。化解这一僵局最好的办法是多强调产品对客户的好处与实惠，以及是否能满足客户的需求等。销售理论研究表明，价格是具有相对性的，往往客户越急需某种产品，他就越不计较价格；产品给客户带来的利益越大，客户考虑价格因素就越少。因此，要多谈产品的价值，尽量少谈产品的价格。

第四，用不同产品的价格作比较

把客户认为价格高的产品跟另外一种产品作比较，它的价格就显得低些。销售人员要经常收集同类产品的价格资料，以便于必要时进行比较，从而以事实说服客户。

第五，采用价格分解法

在可能的情况下，要尽量用较小的计价单位为客户报价。即将报价的基本单位缩至最小，以隐藏价格的“昂贵”感。如火柴一包售价 1 元，将报价单位缩小到每盒 0.10 元，这是缩小了“数量”单位；如果信息咨询费一年收费 300 元的话，将它缩小为日收费 0.82 元，这是缩小“时间”单位等等。客户听到这种形式不一样，而实质一样的报价，其心理感受是大不相同的，这样的价格会让他们感到价格便宜，吸引力也相当大，从而促成交易。将交易总额细分为许多的小数额，以使你的客户比较容易购买。

第六，引导客户正确看待价格差别

当同类竞争产品之间存在价格差别时，销售人员就应从本产品的优势方面，如商品的质量、功能、声誉、服务等方面引导客户正确看待价格差别。强调产品的价格与产品所具有的优势，指明客户购买产品后所得到的利益远远大于支付货款的代价，客户就不会再斤斤计较价格了。

第七，采用示范方法

有些精品、名牌产品价格较高，客户是难以接受的，销售人员可以把产品与一些劣质的竞争产品放在一起示范，借以强调所售产品的优点，并教客户辨别产品的真伪。经过一番示范比较后，客户就价格所提出来的异议会马上消失。

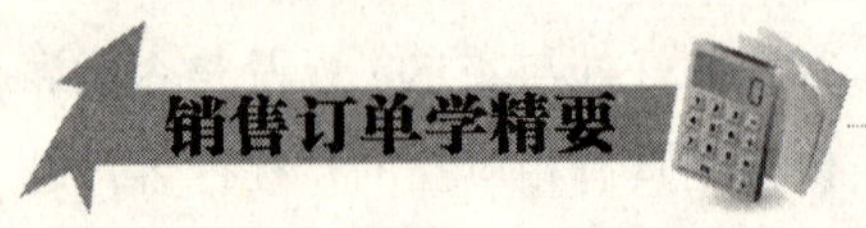

了解你的情商

人的成功要素中，智力因素是重要的，但更为重要的是情感因素，要想对自己的情商状况有一个大概了解，下面这个小测验会对你有所帮助。尽量诚实地回答下列问题，4 分表示非常赞同，3 分表示比较赞同，2 分表示差不多，1 分表示不同意。

——通常能保持镇定、乐观的态度。

——能承认自己的错误。

——遵守诺言。

——经常有新的主意产生。

——能顺利地处理多方面的要求。

——注重结果。

——会设立更有挑战的目标去追求。

——障碍和挫折会阻止我前进。

——我常常抑制不住冲动。

——我通常不把挫折归因于个人的缺点（自己的或他人的）。

低于 20 分意味着有点问题。如果你的总分偏低，不要绝望，情商并不是不能提高的。情绪智力可以通过学习获得，而且实际上我们每个人一生中都在提高它，尽管程度不同。

第六章

质疑的背后是肯定——异议背后的成单信息

“当客户提出异议时，其实是在表达一种意愿，希望知道他为什么要买的理由。”顶尖的销售人员都倾向于将异议解释为肯定的购买信号。如果处理得当，异议很可能就会变为成交的希望。

销售人员需要做的功课是对客户各式各样的异议事先设计完美的处理方法，并演练成熟，在实际销售过程中妥善解决异议并使客户满意地购买。

四处询问，是在寻求决策认同

当一个人即将作出决定时，总是习惯于得到更多人的共鸣和认同。因为，当你的客户四处询问时，请耐心等候，因为他的结果马上就要出来了。

犹豫，询问他人意见，难以作决定……这些都是销售人员常见的客户异议形式。遇到这种情况，如果你表现出不耐烦，就有可能让之前的努力彻底泡汤。因此，你得学会应付这种客户。

你需要对客户表现出同情心，意味着你理解他们的心情，并明白了他们的观点，但并不意味着你完全赞同他们的观点，而只是了解了他们考虑问题的方法和对商品的感觉。客户对商品提出异议，通常是带有某种主观情感在里面，所以要向客户表示你已经了解了他们的这种感情，可以通过下面的话来表达你的意思：“我明白您的意思了”，“很多人就是这么看的”，“这个问题您提得很好”，“是的，这一点很重要”，“我知道了您的具体要求”，等等。

一定要尊重客户的意见，说几句表示理解的话，能使客户意识到你是在为他分忧，他在你心目中占有一定的地位，并且表明你很重视他们提出的问题。对客户做出的这些积极反应反过来也会促使客户对你产生信任感，因此一定要避免与客户正面的争论，要表现出尊重与理解，这种尊重与理解一定能产生相应的反馈。

世界排名第一名的潜能训练大师安东尼·罗宾，他的潜能开发录音带7年销售2 500万以上，是有史以来最畅销的个人成长的录音带。

他的销售秘诀之一是用“老客户见证”说服新客户购买，为新客户提供有影响力的决策认同。在他的客户见证当中，有《一分钟经理人》的作者肯布兰查先生，有《攻心为上》的作者麦凯先生，还有美国总统克林顿、曼德拉总统、戴安娜王妃和世界网球巨星阿格西、福星五百大企业的总裁；甚至还有一个从未参加过任何比赛的高尔夫选手，但他第一次参加全国比赛就获得了冠军，他曾跟大家说，假如没有听过安东尼·罗宾的录音带，他是没有办法得到冠军的。如此强烈具有震撼力的客户见证，使人们不得不去买这盘磁带。在美国有一家房地产公司，该公司有世界第一名的销售人员。他平均每两天就卖一栋房子，别人一个月只卖两三栋，就已经不错了，他说他是天天听安东尼·罗宾的录音带，所以当客户看到之后，怎能不购买那盘录音带呢？

销售人员必须要接受异议，而且不仅要接受，更要欢迎。因为异议对销售人员来说不一定都是坏事，而且还有可能是你的指示明灯，告诉你继续努力的方向。

异议不能限制或阻止，而只能设法去加以控制，而在处理异议时应注意以下几点：

第一，情绪轻松、不可紧张

销售人员要认识到异议是必然存在的，在心里不可有反常的反向，听到客户提出异议后，应保持冷静，不可动怒，也不可采取敌对行为，而必须继续以笑脸相迎，并了解反对意见的内容或要点及重点。一般多用下列语句作为开场白："我很高兴你能提出意见""你的意见非常合理""你的观察很敏锐"等。

当然，如果要轻松地应付异议，你必须对商品、公司政策、市场及竞争者都要有深刻的认识，这些是控制异议的必备条件。

第二，认真倾听，真诚欢迎

销售人员听到客户提出异议后，应表示对客户的意见真诚地欢迎，并聚精会神地倾听，千万不可加以干扰。

另外，销售人员必须承认客户的意见，以示对其尊重，那么当你提出相反意见时，准客户自然也较易接纳你的提议。

第三，重述问题，证明了解

销售人员向准客户重述其所提出的反对意见，表示已了解。必要时可询问准客户，其重述是否正确，并选择反对意见中的若干部分予以诚恳的赞同。

第四，审慎回答，保持友善

销售人员对准客户所提的异议，必须审慎回答。一般而言，应以沉着、坦白及直爽的态度，将有关事实、数据、资料、确定或证明，以口述或书面方式送交准客户。措辞须恰当，语调须温和，并在和谐友好的气氛下进行洽商，以解决问题。假如不能解答，只可承认，不可乱吹。

第五，尊重客户，圆滑应付

销售人员切记不可忽略或轻视准客户的异议，以避免准客户的不满或怀疑，使交易谈判无法继续下去。

销售人员也不可赤裸裸地直接反驳准客户，如果粗鲁地反对其意见，甚至指其愚昧无知，则你与准客户之间的关系将永远无法弥补。

第六，准备撤退，保留后路

我们应该明白客户的异议不是能够轻而易举地解决的。不过，你与他面谈时所采取的方法，对于你与他将来的关系都有很大的影响。如果根据洽谈的结果，认为一时不能与他成交，那就应设法使日后重新洽谈的大门敞开，以期再有机会去讨论这些分歧。因此，要时时做好遭遇挫折的准备。如果你最后还想得到胜利的话，那么在这个时候便应作“光荣地撤退”，不可稍露不快的神色。

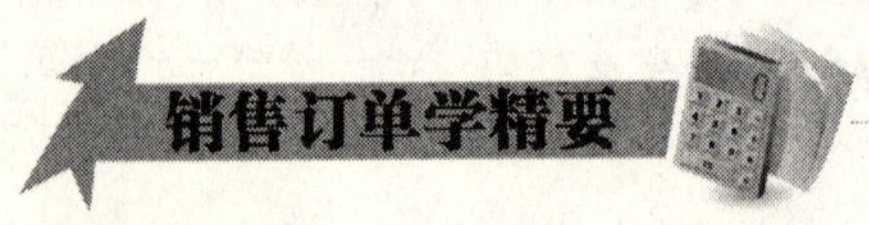

顶尖销售都是这样看待客户异议的

异议是宣泄客户内心想法的最好指标。

异议经由处理能缩短订单的距离，经由争论会扩大订单的距离。

没有异议的客户才是最难处理的客户。

异议表示销售人员给客户的利益目前仍不能满足他的需求。

注意聆听客户说的话，区分出是真的异议、假的异议，还是隐藏的异议。

不可用夸大不实的话来处理异议，当销售人员不知道客户问题的答案时，坦诚地告诉客户自己不知道；告诉客户，自己会尽快找出答案，并确实做到。

将异议视为客户希望获得更多的信息。

异议表示客户仍有求于销售人员。

挑剔缺点，是在针对产品价格

如果客户认为你的产品一无是处，他会转头走掉。但如果他没有转头而且还喋喋不休地挑剔你的产品如何如何，那只能说明一个问题：他想借此来讨价还价。

从接近客户、调查需求、产品介绍、示范操作、提出建议书到签约的每一个销售步骤，客户都有可能提出异议；愈是懂得异议处理的技巧，你愈能冷静、坦然地化解客户的异议，而每化解一个异议，就摒除你与客户一个障碍，你就愈接近客户一步。请牢记——销售是从客户的拒绝开始。

很多时候客户会针对销售人员的介绍挑剔产品的缺点，这个时候，如果销售人员掌握了充分的商品知识及客户的确切情报，在客户面前说话就增加了自信心。你应给予对方一个确实的信念，因为这样客户对你介绍的产品就产生了信心。

假如你发现客户的异议背后隐藏的是对价格的担忧，你不妨这样对他说："说实在话，我不敢保证我的东西是全国同行业中价格最低的，但我可以很有把握地告诉你，在咱们这个地方用这样的价钱买这样的产品还是划得来的，要说降价也是有可能的，不过就现在的情况看，物价却是处于上升的趋势，谁也不敢保证一年后的价格不再上涨。如果上涨，现在花一块钱能买的东西，到时候就得花一块多了。”一般情况下，这话很能帮助客户下定购买的决心。

史密斯先生在美国亚特兰大经营一家汽车修理厂，同时还是一位十分有名的二手车销售人员，在亚特兰大奥运会期间，他总是亲自驾车去拜访想临时买部廉价二手车开一开的客户。

他总是这样说：“这部车我已经全面维修好了，您试试性能如何？如果还有不满意的地方，我会为您修好。”然后请客户开几公里，再问：“怎么样？有什么地方不对劲吗？”

“我想方向盘可能有些松动。”

“您真高明。我也注意到这个问题，还有没有其他意见？”

“引擎很不错，离合器没有问题。”

“真了不起，看来您的确是行家。”

这时，客户便会问他：“史密斯先生，这部车子要卖多少？”

他总是微笑着回答：“您已经试过了，一定清楚它值多少钱。”

若这时生意还没有谈妥，他会怂恿客户继续一边开车一边商量。如此的做法，使他的笔笔生意都顺利成交。

销售人员应把客户的异议作为成交的前奏，成功在望。而在收到客户的异议时，销售人员所要做的，就是有技巧地处理客户异议，进行排雷工作，争取最后的成功。以下是几种常用的异议处理策略。

第一，转折处理法

这种方法是销售工作的常用方法，销售人员根据有关事实和理由来间接否定客户的意见，应用这种方法是首先承认客户的看法有一定道理，也就是向客户做出一定让步才讲出自己的看法，一旦使用不当可能会使客户提出更多的意见。在使用过程中要尽量少地使用“但是”一词，而实际谈话中却包含着“但是”的意思，这样效果会更好。只要你灵活掌握了这种方法就会保持良好的洽谈气氛，为自己的谈话留有余地。比如客户提出你销售的服装颜色过时了，你可以这样回答：“小姐，您的记忆力的确很好，这种颜色确实几年前已经流行过了。我想您是知道的，服装的潮流是轮回的，如今又有了这种颜色回潮的迹象。”这样你就轻松地反驳了客户的意见。当然，你再类比几个例子，效果一定会更好。

第二，转化处理法

这种方法是利用客户本身的反对意见来处理。我们认为客户的反对意见是有双重属性的，它是交易的障碍，同时又是很好的交易机会。销售人员要是能利用其积极因素去抵消其消极因素，未尝不是一件好事。比如你销售的产品是办公自动化用品，当你敲开客户办公室的门时，他对你说："对不起，我很忙，没有时间和你谈话。”这时你不妨说："正因为你忙，你一定想过要设法节省时间吧，我们的产品一定会帮助你节省时间为你提供闲暇。”这样一来，客户就会对你的产品留意并产生兴趣。我们可以看出这种方法是直接利用客户的反对意见，转化反对意见，那么你一定要注意在应用这种技巧时应讲究礼仪，绝对不能伤害客户的感情，一般不适用于与成交有关的或敏感性强的反对意见。

第三，以优补劣法

如果客户的反对意见的确切中了你的产品或你的公司所提供的服务中的缺陷，你千万不可以回避或直接否定，明智的方法是肯定其有关缺点，然后淡化处理，利用产品的优点来补偿甚至抵消这些缺点。这样有利于使客户的心理达到一定程度的平衡，有利于使客户作出购买决策。比如你销售的产品质量有些问题，而客户恰恰提出："这东西质量不好。”你可以从容地告诉他："这种产品的质量的确有问题，所以我公司削价处理，价格优惠很多，而且公司还要确保这种产品的质量不会影响到您的使用效果。”这样一来既打消了客户的疑虑，又以价格优势激励了客户的购买。

第四，委婉处理法

销售人员在没有考虑好如何答复客户的反对意见时，不妨先用委婉的语气把对方的反对意见重复一遍，或用自己的话复述一遍，这样可以削弱对方的气势，有时转换一种说法会使问题容易回答得多。注意你只能减弱

而不能改变客户的看法，否则客户会认为你歪曲他的意思而对你产生不满，你可以复述之后问一下：“你认为这种说法确切吗?”然后再说下文，以求得客户的认可。比如客户抱怨“价格比去年高多了，怎么涨幅这么高!”销售人员可以这样说：“是啊，价格比起前一年确实高一些。”然后再等客户的下文。

第五，合并意见法

这种方法是将客户的几种意见汇总成一个意见，或者把客户的反对意见集中在一个时间讨论，总之是要起到削弱反对意见对客户所产生的影响。注意不要在一个反对意见上纠缠不清，因为人们的思维有连带性，往往会由一个意见派生出许多反对意见。要在回答了客户的反对意见后马上把话题转移开。

第六，反驳处理法

从理论上讲，这种方法应该尽量避免使用。直接反驳对方容易使气氛僵化而不友好，使客户产生敌对心理，不利于客户接纳销售人员的意见。但如果客户的反对意见是产生于对产品的误解，或你手头上的资料，是帮助你说明问题时你不妨直言不讳，但要注意态度一定要友好而温和，最好是引经据典，这样才最有说服力，同时又可以让客户感到你的信心，从而也就增强了他对产品的信心。比如客户提出你的售价比别人贵，如果你的公司实行了销售标准化，产品的价格有统一标准，你就可以拿出目录表，坦白地指出对方的错误之处。

第七，冷处理法

对于客户的一些不影响成交的反对意见，销售人员最好不要反驳，采用不理睬的方法是最佳的。千万不能客户一有反对意见，你就反驳或以其他方法处理，那样就会给客户造成你总在挑他毛病的印象。当客户对你抱怨你的公司或你的同行，这样一类无关成交的问题，你都不要予以理睬，转而谈你要说的问题。比如客户说：“啊，你原来是××公司的销售人员，你们公司周围的环境可真差，交通也不方便呀!”尽管事实并非如此，你也不要争辩，你可以说：“先生，请您看看产品……”国外的销售专家认为，在实际销售过程中80%的反对意见都应该冷处理。

正确适时地运用以上介绍的方法可以助你销售成功，前提是要正确地分析客户反对意见的性质与来源，灵活巧妙地将客户的反对意见化解，使摇头的客户点头。

搞清楚客户的价格异议

在销售商谈中，无论客户提出哪种价格异议，销售人员都应认真地加以分析，并探寻一下隐藏在客户心底的真正动机。只有摸清了客户讨价背后的真正动机，销售人员才能说服客户，实现交易。有关的心理学家曾做过调查，认为客户讨价动机有以下几种情况。

1. 客户想买到更便宜的商品。

2. 客户知道别人曾以更低的价格购买了你所销售的产品。

3. 客户想在商谈中击败销售人员，以此来显示他的谈判能力。

4. 客户想利用讨价还价策略达到其他目的。

5. 客户怕吃亏。

6. 客户想向周围的人证明他有才能。

7. 客户把销售人员的让步看做是自己身份的提高。

8. 客户不了解产品的真正价值，怀疑价格与价值不符。

9. 根据以往的经验，知道从讨价还价中会得到好处，且清楚销售人员能作出让步。

10. 客户想通过讨价还价来了解产品真正的价格，看看销售人员是否在说谎。

11. 客户想从另一家买到更便宜的产品，他设法让你削价是为了给第三者施加压力。

12. 客户还有其他同样重要的异议，这些异议与价格无关，他只是把价格作为一种掩饰。

货比三家，是在挖掘更多增值政策

如果你的客户把你的产品同竞争对手的产品进行比较，要明白，他想得到的不是比较的结果，而是想知道你对于这种对比差异有何弥补的表示。这样，他也许可以获得产品以外的更多利益。

市场经济发展越繁荣或越发达，专业市场呈现为买方市场的就越多，货比三家的现象就越多；客户在决策购买时也经常会因为消费或接受某种服务而“货比三家”。这个时候，销售人员留住客户的办法就是提出更多的增值政策，用“高品质＋附加值”留住客户。

什么是服务的附加值呢？服务的附加价值就是指向客户提供本服务之外，不需要客户花钱的那部分服务。

现在，客户在意的是：

1. 服务人员提供的服务是否有品质、有水平，服务人员的行为是否得体，是否能让客户感到舒服。

2. 产品或服务。你的产品或服务是否符合客户的需求，同时是否超越了客户的期望。

3. 服务的流程。是否具有一流的流程，是否能够充分照顾到客户的

感受。

在现实生活中，我们不难发现许多的服务附加价值。比如司机去加油，加油站可以为客户提供免费卫生间，提供免费洗车，赠送手套；去理发店理发，理发师会为你提供免费按摩，并告诉你一些护发美发的技巧；去服装店买一套西装，店方可能会送你一条领带，还提供终身免费干洗服务。

在一次冰箱展销会上，一位打算购买冰箱的客户指着不远处一台冰箱对身旁的销售人员说："那种 AE 牌的冰箱和你们的这种冰箱同一类型，同一规格，同一星级，可是它的制冷速度要比你们的快，噪音也要小一些，而且冷冻室比你们的大 12 升。看来你们的冰箱不如 AE 牌的呀！"

销售人员回答："是的，你说的不错。我们冰箱噪音是大点，但仍然在国家标准允许的范围以内，不会影响你家人的生活与健康。我们的冰箱制冷速度慢，可耗电量却比AE牌冰箱少得多。我们冰箱的冷冻室小但冷藏室很大，能储藏更多的食物。你一家三口人，每天能有多少东西需要冰冻呢？再说吧，我们的冰箱在价格上要比AE牌冰箱便宜300元，保修期也要长6年，我们还可以上门维修。"客户听后，脸上露出欣然之色。

训练有素的销售人员，虽然会自以为已听过各种可能的异议，但是当他们遇到未曾预料的异议时，更需要运用随机应变的销售方法。

在回答异议的时候，你有5种方法可以选择，一般专业的销售人员最常用的方法是：

第一，把异议转变为购买理由

根据许多实例显示，客户原来决定不愿购买的理由，往往就是后来他们会购买的理由。

举例来说，客户向销售汽车的销售人员说："我还不需要一部新车——我不常常开车。"这些销售人员可以回答："啊，这正是您应该再添购一部新车的理由。您不常开那部老车子，因此您不喜欢它，因为您担心可能随时会出毛病或什么问题。假如您买了一部新车……"

再举一例：客户向推销演讲课程的销售人员说："我不需要什么训练课程，我很少被请上台演讲。"这时，销售人员可以说："这正是您应该参加训练的好理由。您很少被请上台演讲——正像您所承认的——是因为您缺乏演讲能力，但等您参加过这个训练课程之后呢，您就会成为很好的演说家，就会有很多人来请您演讲了。"

第二，让客户回答自己的异议

在很多情况下，销售人员可以让客户回答自己所提出的异议，或承认提出的异议并不十分有道理。这种方法通常在客户对讨论的主题不是很了解时使用。

要让客户回答自己的异议，只要让他们继续谈下去。也许，这正是他们之所以要反对的原因——希望有人听听他们的看法。有些哲学家也说过："许多人宁愿你静听他们的意见，而不是要你回答他们的问题。"所以，你可以用提问题的方式引导他们谈话，一旦他们回答了自己的反对意见情绪就会平静下来。

比如，你可以说："先生，我对您的这个看法很感兴趣，可否请您进一步解释一下呢?"或是，你可以直截了当地问他："为什么您这么认为呢?"

假如客户的反对意见并不是十分合理，或客户自己对这个意见也是一知半解，观点不是很成熟，这时通常他们会坚持一阵子，后来才会承认这个问题并不是很重要。

要让客户回答自己的异议，必须要有耐心，要提出不少问题，但这种做法相当有效。

第三，提供适当资料以解答异议

你要向客户说明真实的情况——给他们提供事实，你可以假设客户的反对只是变相地要求你提供更多资料。例如，当他们说："你们的价钱太贵了!"这话的意思其实是："为什么你们的价格会比其他同行要来得高呢?"这时，你就要告诉他们价格较高的充分理由。

有时答复异议的最好方法，是采用"类比"方式。假使有个客户向销售杂志的销售人员说："我没有时间阅读杂志。"则销售人员可以回答："几年前，在你第一次购买电脑之前，一定也会认为自己会没有时间坐下来上网，但是想想看，当你买了之后，你每天花了多少时间去网上冲浪呢？阅读杂志的情形也是一样，你会发现可以从中得到很多信息，或对你有帮助的资讯。那时，你就很容易拨出时间，好好来阅读这份杂志了。”

要时时找出可以类比的方式来答复异议的例子或方法，这是十分有效的。

第四，承认对方的异议

有些反对购买的理由很难克服——因为它们的确是实情，而且又很难回答。这时最好的方法就是点头承认，但继续维持原有的谈话。

不要浪费时间去说服对方的质疑——尤其是对方的理由十分充足的时候。假如客户说：“我们现在的存货过多。”而你也知道那是事实，那就没有必要为此争论。你可以说：“我知道每年到了这个时候，情形也都是如此，但是我倒有一两个产品也许您愿意看看。因为到目前为止，本市还没有人代理经销，而且它们的销路也很好。”

假若是不能购买的理由很充分，最好的方法就是点头承认，然后再指出你的产品的优点仍胜过这些理由。

承认对方异议的好处是：对方会认为你十分真诚、讲道理。

第五，否定对方的异议

用否定的方式来答复异议通常不是什么好的计策，但却在下列状况中需要使用。

1. 假如反对的理由显然不真实。比如有个富翁说：“我没有钱。”你可微微一笑，很温和地说道：“当然，我不会相信这个理由。”

2. 假如你相当确定对方并非有意或只是开玩笑。

对客户无礼的侮辱，有种比较安全的技巧，是很有礼貌地回问：“什么？可否请您再说一遍？”许多一时冲动的客户通常就会很快冷静下来，不再无理取闹了。

销售人员要有技巧地处理反对意见，就好像排球选手漂亮地鱼跃救起即将落地的排球一样，也好像网球选手非常熟练地反手回击一样。无论是运动还是销售，参与这些活动的人，从应用他们所熟悉的技巧中，都可获得很大的个人满足感。

预防异议的7项准备工作

1. 相似的情况。讲一讲过去有别的客户也有相似的疑虑，或因为同样的原因拒绝你，但最后他们还是购买了的案例。

2. 证明信。有些信可以用更加亲近的语气。比如说："我原来觉得价格太高了，可是一年过后，我发现维修费用是如此之低，算一算总成本比上一年下降了20%，谢谢你说服我买了它。"

3. 一篇关于你的产品或公司的文章。这有助于赢得支持和信任感。

4. 一幅比较图标。当潜在客户说他想要再看看别家产品时，你可以拿出图标，把竞争对手的产品和你的产品逐项比较。

5. 使用"我们的经验说明……"这样的说法。这是最有利的可以帮你避开拒绝的开场白。

6. 使用"我们曾经听取过客户的意见，有些客户会……所以我们……"这样的说法，让客户知道你们善于倾听他们的意见并作出回应。

7. 另一种可以使用的说法："我们原来觉得……但后来我们改变了观点，现在我们……"这样可以避免客户受成见的不良影响。

关心售后，是在确定服务品质

如果你的客户开始关注你的售后服务，那么说明他在心理上已经假设认可了自己的购买行为，这个时机，必须用明确的售后服务品质抓住购买。

客户异议是你在销售过程中所遇到的客户对你的不赞同、提出质疑或拒绝。例如，你要去拜访客户，客户说没时间；你询问客户需求时，客户隐藏了真正的动机；你向他解说产品时，他带着不以为然的表情等，这些都称为异议。

多数新加入销售行列的销售人员们，对异议都抱着负面的看法，对太多的异议感到挫折与恐惧，但是对一位有经验的销售人员而言，他却能从另外一个角度来体会异议，揭露出另一层含意。

如果你的客户对售后服务表示关心或挑剔，那就表示已经胜利在望了。你可以拿出商品的保修卡，把有关条款指给他看，并说：“我敢保证，我们的产品都是经过严格把关的，但正像人吃五谷杂粮也可能会生病一样，有时候经过严格把关的产品也会闹点小脾气，不过要是出现这种情况，我们公司会为您及时排忧解难的。”听了这话的客户，绝大多数都会

下决心购买，因为这话听起来很实在。如果你一口否认你的产品会有质量问题，客户绝对不会相信。

英国航空公司就与客户建立了良好的互动关系，该公司在大厅里安装了录像间，不满意的客户可以马上走进录像间，通过录像直接向总裁提出投诉。同时，英国航空公司还耗资 670 万美元安装了一套电脑系统，用来分析乘客的喜好，目的是永远留住这些乘客。

通过这个录像间投诉系统，英国航空公司在很短的时间内对各类投诉个案提出处理意见。通过客户喜好的分析，尽量增加客户喜欢的服务，提供个性化的服务，这使得客户的满意率极度上升，客户流失率降低。

美国通过对几千名销售人员的研究，发现好的销售人员所遇到的客户严重反对的机会只是差的销售人员的十分之一。销售人员对客户异议答复

的时机选择有四种情况：

第一，在客户异议尚未提出时解答

防患于未然，是消除客户异议的最好方法。销售人员觉察到客户会提出某种异议，最好在客户提出之前，就主动提出来并给予解释，这样可使销售人员争取主动，先发制人，从而避免因纠正客户的看法，或反驳客户的意见而引起的不快。销售人员完全有可能预先揣摩到客户异议并抢先处理，因为客户异议的发生有一定的规律性，如销售人员谈论产品的优点时，客户很可能会从最差的方面去琢磨问题。有时客户没有提出异议，但他们的表情、动作以及谈话的用词和声调却可能有所流露，销售人员觉察到这种变化，就可以抢先解答。

第二，异议提出后立即回答

绝大多数异议需要立即回答。这样，既可以促使客户购买，又是对客户的尊重。

第三，过一段时间再回答

当异议有一定的难度，但是又在销售人员的能力范围之内时，销售人员要深思熟虑，以免出现漏洞给销售带来麻烦。

以下异议需要销售人员暂时保持沉默：异议显得模棱两可、含糊其辞、让人费解；异议显然站不住脚、不攻自破；异议不是三言两语可以辩解得了的；异议超过了销售人员的议论和能力水平；异议涉及较深的专业知识，不易解释为客户马上理解，等等。急于回答客户此类异议是不明智的，经验表明：与其仓促错答十题，不如从容地答对一题。

第四，不回答

许多异议不需要回答，如：无法回答的奇谈怪论；容易造成争论的话题；废话；可一笑置之的戏言；异议具有不可辩驳的正确性；明知故问的发难，等等。销售人员不回答时可采取以下技巧：沉默；装作没听见，按自己的思路说下去；答非所问，悄悄扭转对方的话题；插科打诨幽默一番，最后不了了之。

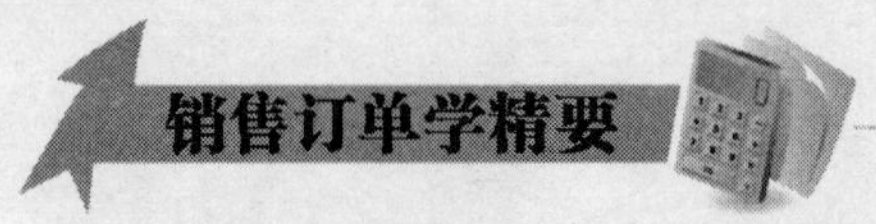

克服异议的关键

客户的异议有时候是真实的拒绝，但多数情况下不实。它们只是拖延的理由，甚至更糟的是谎言。能否克服异议的关键在于：

你的销售技巧。

你对自己产品的了解。

你对潜在客户的了解。

你和潜在客户已经建立起来的关系。

你的创造性。

你的态度。

你想要帮助客户的真诚愿望。

你的坚持。

第七章

绝技要在关键时刻必杀——促成订单的六个技巧

成交是整个销售过程中最重要的一环，成功的销售人员要懂得引导客户成交。成交技巧运用越纯熟，则收获就越大。

作为销售人员，你可能会做世界上最棒的产品展示，也可能是你产品领域当之无愧的专家，但是如果你不知道如何促成最后的成交，那么就意味着你功败垂成，可以收拾东西回家了。

帮助客户挑选款型

销售人员必须使客户的兴趣演变为强烈的购买欲望。他必须满腔热情，精神振奋，并用这种情绪去感染对方。用自己的热情去帮客户挑选产品，那么客户更容易相信你，因为客户总会认为你是比他更了解你的产品的，事实上，也正是如此。

成功的销售人员必须熟练运用促成订单的技巧。从陌生人、潜在客户到客户，订单成熟的速度是由销售人员来决定的。销售人员的技巧愈好，订单就会成熟得愈快；相反地，销售人员的技巧愈差，订单成熟的速度也就愈慢。所以如果你想要使客户熟得快，想要多做几笔生意，那你就要经常练习，熟练使用各种“催熟”技巧。

为了促成订单，达到销售的目的，销售人员应根据不同顾客、不同环境、不同情况，采取不同的销售策略，以掌握主动权，尽快达成交易。

一种常见的情况是，许多顾客即使有意购买，也不喜欢很快地签下订单，他总要东挑西选，在产品颜色、式样、尺寸、交货日期上不停地打转。此时，销售人员就要改变策略，暂时不谈订单的问题，转而热情地帮助顾客挑选，一旦顾客选定了某一产品，你也就获得了订单。

一对恋人一起去选购羊绒大衣，所去的购物区有很多羊绒大衣专卖店。他们来到第一家专卖店，销售人员的销售技巧较差，随手拿了一件大衣让女方试穿，并告诉他们："这件大衣打八折。"这个销售人员根本没有考虑到他们的主观感受和心理特点。

于是，他们又来到了另外一家商店，在这里遇到了非常专业的销售人员，她同时拿出两件羊绒大衣，一件红色的和一件绿色的，然后告诉女方，穿红色的大衣能衬托出高雅的气质，而穿绿色的大衣会显得很年轻。这对恋人最终买了那件红色的羊绒大衣。

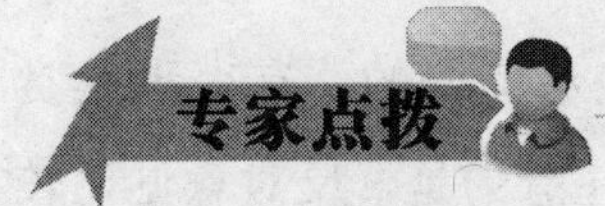

“心理上的适当瞬间”这个心理学上的名词，在销售工作中的特定涵义是指顾客与销售人员在思想上完全达到一致的时机，即在某些瞬间买卖双方的思想是协调一致的，此时是成交的最好时机。若销售人员不能在这一特定瞬间成交，成交的希望就会落空。

成交时机的把握是至关重要的。过早或过晚都会影响成交的质量和成败，促成交易首先应捕捉住成交的时机。成交时机到来，必定伴随着许多有特征的变化和信号，富于警觉和善于感知他人态度变化的销售人员，能及时根据这些变化和信号，来判断“火候”和“时机”。一般情况下，顾客的购买兴趣是“逐渐高涨”的，且在购买时机成熟时，顾客心理活动趋向明朗化，并通过各种方式表露出来，也就是向销售者发出各种成交的信号。

成交信号是顾客通过语言、行为、情感等表露出来的购买意图信息。有些是有意表示的，有些则是无意流露的，后者更需要销售人员及时发现。成交信号主要分为语言信号、行为信号和表情信号三种。

首先是语言信号。当顾客有心购买时，从其语言中可以得到判定。例如，当顾客说：“你们多快能运来？”这就是一种有意表现出来的真正感兴趣的迹象，它表明成交的时机已到；顾客询问价格时，说明他兴趣极浓，商讨条件时，更说明他实际上已经要购买了。归纳起来，假如出现下列情况，那就表明顾客产生了购买意图，成交已近在咫尺：

1. 给予一定程度的肯定或赞同。

2. 讲述一些参与意见。

3. 请教使用商品的方法。

4. 打听有关商品的详细情况（价格、运输、交货时间、地点等）。

5. 提出一个新的购买问题。

6. 表达一个更直接的异议。

语言信号的种类很多，有表示赞叹的，有表示惊奇的，有表示欣赏的，有表示询问的，也有表示反对意见的。应当注意的是，反对意见比较复杂，反对意见中，有些是成交的信号，有些则不是。必须具体情况具体分析，既不能都看成是成交信号，也不能无动于衷。只要销售人员有意捕捉和诱发这些语言信号，就可以顺利促成交易。

其次是行为信号。细致观察顾客行为，并根据其变化的趋势，采用相应的策略、技巧加以诱导，这在成交阶段十分重要。通常行为信号表现为：

1. 顾客频频点头。

2. 顾客向前倾，更加靠近销售者。

3. 顾客用手接触订货单。

4. 顾客再次查看样品、说明书、广告等。

5. 顾客放松身体。

上述动作，或表示顾客想重新考虑所推荐产品，或是购买决心已定，紧张的思想松弛下来。总之，都有可能在表示一种“基本接受”的态度。

最后是表情信号。从顾客的面部表情可以辨别其购买意向。眼睛注视、嘴角微翘或点头赞许都与顾客心理感受有关，均可以视为成交信号，具体表现有：

1. 紧锁的双眉分开，上扬。

2. 眼睛转动加快，好像在想什么问题。

3. 嘴唇开始抿紧，好像在品味什么。

4. 神色活跃起来。

5. 态度更加友好。

6. 原先造作的微笑让位于自然的微笑。

由此可见，顾客的语言、面部表情和一举一动，都在表明他们的想法。从顾客明显的行为上，也完全可以判断出他们是急于购买，还是抵制购买。

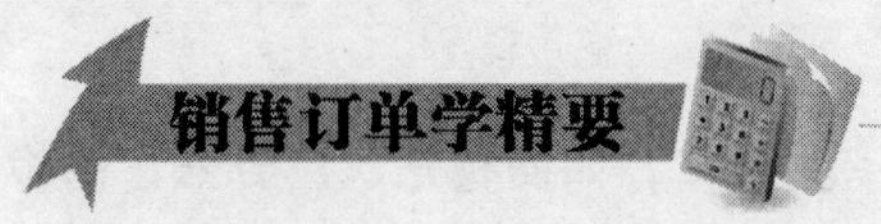

成功销售要打赢信息战

在瞬息万变的今天，谁能快速、准确地掌握和利用销售信息，谁就能将商品抢先推向市场，在竞争中取胜，否则就有可能在竞争中被淘汰掉。成功销售需要掌握以下几个方面才能打赢信息战：

1. 市场情况。包括市场容量、供需平衡状况、需求结构状况；商品结构、商品销售的动向；消费能力、消费的趋势及消费水平；物价水平、物价指数及物价涨落变化的走向；各地能源结构、资源情况及购销调存、投入产出的情况；外贸销售能力、国际市场变化趋势、外资利用及创汇情况以及道路、交通、通讯设施的情况。

2. 消费心理信息。包括销售商品的名称、商标、包装装潢、外观造型对顾客消费心理的影响；新产品的设计、价格、分类、性能、使用寿命等对顾客购买行为的影响；商品广告、宣传、促销方式、商店环境布置、营业人员态度及质量对消费心理的影响等。

3. 竞争对手信息。同行业商品的质量、服务、数量、交货期方面的信息；同行业商品的价格、销售策略和特点；销售渠道、网点、代理商的水平和能力等，掌握这类竞争对手的信息可以使销售人员知己知彼，扬长避短，提高这类竞争的意识和能力。

4. 科技信息。包括国家科技发展规划及科技成果转化为商品的最新动向；同行业技术开发、创新的能力，设计及技术引进能力；同行业设备、工具现代化的水平，能源开发、利用及节能技术状况；同行业职工队伍的技术、技能、文化知识素质；同行业对高新技术如电脑、激光、新材料、新的管理理论和方法的运用状态等。

5. 政治信息。主要指一个国家或地区的政局稳定情况，其政府对国际贸易和销售的态度及政策情况，销售对象的主管部门或上级决策部门的意见、要求、决定及限制条件等方面。

6. 法律信息。销售人员必须了解有关法律，如商标法、广告法、商检法、环境保护法等经济法规以及保护消费者权益方面的规定等有关经济生活中的法律法规、法令、政策和规定。

利用客户的“怕买不到”心理

任何人都不愿意错过机会，特别是还能够占到便宜时。适当的时候，让你的客户对你的机会有些危机感，也会促使他快速作出决定。

利用“怕买不到”的心理。人类对愈是得不到、买不到的东西，愈想得到它，买到它，这是人性的弱点。销售员要善于利用这种心理，实事求是地销售，以促成订约。

“这种产品目前销路不错，但库存只有5台了。早上刚刚查点过，我认为今天大概将销售一空。现在您就电话预约好吗？或者直接送货上门好吗？”

“由于缺货的关系，如果不早点决定，将无法明天定交货期，现在能否请您作决定？”

“这次的新样式非常受欢迎，现在已经有缺货的情况，如果不马上订购，下次进货可要等相当长的时间。可以的话，能否请您现在立刻预约？”

“如果现在不预约房间，一到黄金假期，可能无法保证会有空房间，我先帮您安排吧？”

以上表达都是利用客户“怕买不到”的心理督促其尽快成单的例子。

这样一来，销售人员可明确地让客户理解到，如果现在不下决断，他所希望的条件就无法达成。尤其是促销期间的特价品无法追加，或者库存品很少时，应该向客户传达该事实，并要求作出紧急决断。如此一来，他就不得不作判断。

当客户无法决定买或不买时，如果能令其理解到只有现在才有选择余地，他多半会倾向于购买：亦即给予对方冲击的事实，使其知道现在正是购买时机，而追逼客户迈向决定，乃是此促成订单技巧的目的。

1950 年，汽车旅馆的特许经营权刚刚开始出售。一名销售人员来到城里，找到一家当地银行，告诉他们说“只有”10 个认购额度，单价是 5 万美元。他请银行家帮忙分配名额，对方立刻答应了。

然后他去参加了一个活动，当众作介绍。他的开场白是：“我相信所有的额度这会儿都已经被认购掉了。不过既然来了，我还是愿意向你们作一下介绍。你们可以照样申请，这样如果有人认购之后又取消合同，我会通知你们补缺。”那天，不少人迫不及待地填好申请表。而且意外的是，后来每个人都得到了电话通知——可以替补别人，因为恰好有人取消了订购。

跟客户谈得很好，客户也说很需要，客情关系自我感觉也处理好了，客户就是不签单怎么办？这个问题是销售人员经常遇到的问题，有这样的几种销售逻辑（特别注意不是技巧）能够帮助你将意向客户转化为签单客户：

第一，分

即划分清楚成单过程的销售流程动作，按照流程推动客户签单。举一个简单的例子：一个人从追求另外一个人到结婚这个过程在现在社会大概要经历这样几个步骤，(1) 认识——(2) 沟通——(3) 接触——(4) 牵手——(5) 亲吻——(6) 试婚——(7) 结婚，这里面有快一点的人们，比如 (2)、(3)、(4)、(5) 这几个步骤一次完成；也有比较复杂的，比如可能还增加了朋友介绍、家人同意、购买房子等步骤，但大的流程都一样。

那么销售是一样的，我们也应该将成单的销售动作进行分解，然后用流程推动成单，不同的销售公司、不同的销售方法、不同的销售产品就应该有不同的销售流程，但最重要的是你一定要将适合你公司产品的销售流程分解出来，找到大概流程才能把握哪些客户应该签单了。

大多销售人员在这一块基础没有做好，就没有办法成单，大多销售人员在谈意向客户的时候都是沟通好、有购买需求、沟通了多次等，但成单的部分流程没有到位自然就成不了单，就好比谈恋爱的时候，只进行了 (2) 就希望直接跨越到 (7) 步，那显然是不可能的。

第二，黏

就是加强跟客户的黏合性，就是找不同的借口、找不同的机会、找不同的时间跟客户接触，就好比一个人喜欢另外一个人的时候，就不断找机会跟其聊天。只要接触多了，只要你不断地主动接触，客户总觉得欠你什么，那么客户总会找机会给你点什么以寻找他心中的平衡，而作为销售人员，如果你老是找客户吃饭，客户肯定知道你需要什么。

第三，巧

是指对于一些并不是特别大的单，需要使用一些促销方法来促使成单，这方面的方法技巧非常多，但应用最多、效果比较好的有这样些方法，如订金推动法、体验试用法、假设成交法、二选一成交法、激将法等等。这些方法的应用非常简单，经常做销售的人应该一看就懂怎么应用，但这儿要特别注意的是，一定要慎用销售技巧，既然是叫巧就是在关键时刻再应用，如果随便就应用那不仅不巧，而且还非常容易引起客户的反感。

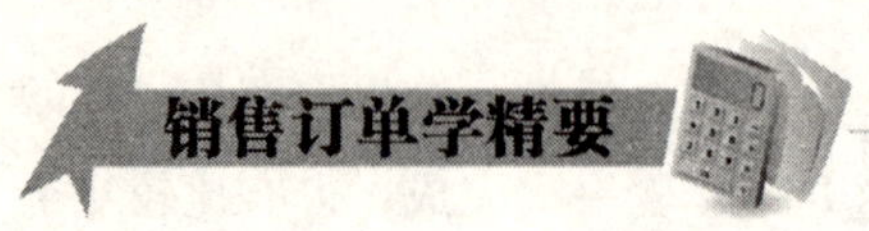

争取更多订单——启发式销售

启发式销售就是销售员提醒客户购买与他已购买的商品相关的商品，使客户购买更多的商品，增加交易额。

销售员采用启发式销售的途径主要有以下几点：

1. 量大优惠。告诉客户，如果多买一些，可以给予某种优惠，如价格折扣、提供新的服务项目等。

2. 建议购买相关商品。许多商品具有相关关系，告诉客户购买一种商品，要充分发挥商品的功能，客观上还需要其他商品。销售人员可以把客户需要的这些商品一同出售，建议客户购买能保护所购商品经久耐用、发挥功能、保证其不受损失等的辅助商品，如出售整机时搭售配件、保养商品等。

3. 建议购买足够量的商品。有时客户也拿不定主意该买多少。销售人员可以告诉客户在这种情况下一般买多少合适，这也是帮助客户。

4. 建议购买新商品。当自己的企业开发了新的商品，并且这种新商品可以更好地满足客户需要时，销售人员就要不失时机地向客户推荐新商品。

5. 建议购买高档商品。大部分客户都会多掏点钱买质量更优、价值更高的商品。销售人员认为客户能从购买更贵、质量更高的商品中受益时，就要向客户推荐高档商品。

建议先试用，让客户无法拒绝

如果让潜在客户在承诺购买前就以某种方式占有产品，那么做成生意的可能性会更大。

要想卖出一只小狗，最简单的办法就是让潜在的顾客做一晚它的主人，“看一看你是不是喜欢它”。想一想吧，第二天早上你要从客户那里把小狗带走时会是什么情形？这种方法就是“小狗狗”销售模式，它被全世界的销售人员运用，威力无穷。

我们对潜在客户说：“这东西棒极了，但如果您不用它，不把它拿回家里、不试用，您就不会知道。”如果你能让客户试用产品，也就更有可能让他买下来。

正是在销售前的拥有使客户从抵抗变为接受。销售人员要常设法让客户行动起来——请他们体验。当客户试用的时候，他们会觉得自己已经是产品的主人了，而这恰恰是销售员希望客户产生的感觉。你要让他们逐渐习惯拥有产品，一旦他们习惯，那么成交就仅仅是一个手续的问题了。

正如精明的服装销售员要是看到一位顾客很欣赏一套西服时，他会把它取下来，拿给顾客说：“那边有试衣间，您不妨穿上看看。”当顾客出来的时候，他会指着一面镜子说：“先生，您来照照。瞧，这西服的颜色多棒！穿这件衣服，您显得更帅了！”

不过，试用这个销售模式需要具备足够的判断力，也就是说，你得先弄清潜在客户在试用后是否有能力支付。如果客户真的想留下产品而又暂时无法支付的话，也许你该事先帮他们安排好贷款条款。

一位飞机销售人员致电安利公司总裁理查·丹佛斯向他销售喷射引擎飞机。理查是个保守派人士，他当时认为安利公司负担不起购买飞机的经费。但销售人员则认为购进飞机后能为公司省下可观的时间成本，让他可以经常访视分销人员，并提高工作的效率。

这位销售人员告诉理查说，“丹佛斯先生，我们有一架绝对符合您的要求的喷射引擎飞机，我想让您试乘看看。”丹佛斯先生经一番考虑后接受了这项提议，他虽然感到满意，但他并不觉得有必要买下这架飞机。于是销售员告诉他说，“丹佛斯先生，我们这里暂时不会用到这架飞机，您可以留下它，把它当成您自己的飞机用吧！您并不需要任何义务！”这个当然是难得回绝的提议，因为安利公司并不需要承担任何义务。刚好这周期间，丹佛斯先生必须往返各处，而这架飞机促使他能够更有效率地执行他的任务，当然旅程也很舒适。

当一周过后，销售人员回来试图做成这笔交易时，丹佛斯先生仍然无意买下这架飞机。销售人员于是向他表示，“因为我们这个月都不会用到这架飞机，所以您继续留下它，把它当成自己的飞机用吧。”当然，理查犹豫了一阵子，然而销售人员坚持要他留下飞机。理查这一个月期间着实好好地利用了这架飞机。

一个月过后，理查已经无法不利用这架飞机往返各地了。当销售人员回来取“他的”飞机时，理查向他说：“你说‘你的’飞机是什么意思?”理查已经离不开提供他舒适旅程的飞机了，他当然有办法说服公司投资这笔钱了。

一个优秀的销售人员随时都准备签约成交，他会一直尝试成交，当他感觉客户有意思购买的时候，他会立刻进入最后的成交程序。有许多销售人员太过专注于他们的销售过程，当客户表达情绪想要购买时，他们都不会停下来完成销售。你可能会亲眼看过的，有的销售人员爱上了他自己的销售表演，当客户表示要购买的时候，他都不能停下来。所以，你不一定要把事情全部说完的，当你应该收获的时候，你就不要再继续耕田了。

更多的说话只会导致更多的问题，所以当客户流露出购买信号的时候，赶快填写订单吧！以下是你需要做的成交前的准备工作。

第一，随时都要有成交时使用的文件

准备在任何时间、任何地点完成销售。你也许听说过有许多销售是在高尔夫球场成交的。买卖成交的地点也可能是网球场、健身馆、游艇、慢跑小道，以及赛马场，一切人们嬉戏、工作、锻炼或者休闲的地方。是的，许多买卖是在办公室以及示范室以外成交的，但是其中很多又不行了，为什么呢？销售员在和客户喝啤酒的时候和客户谈成了，但是三天以后才把成交订单拿给客户签字。那个时候风向不一样了，客户又有新的想法了。

所以说，你随时都要准备好成交时使用的文件并不是叫你把文件放在你的口袋里。在高尔夫球场以及高级餐厅做买卖的时候要注意隐秘。当客户要开始享受他的晚餐的时候，他很讨厌你把文件推向他，要他签字。当你在社交场所做销售，你真的很难判断什么是最佳时机，所以你要格外留神。你应该把成交时使用的文件放在办公室、家、车子、公文包、旅行包、俱乐部私人箱子里等等。你常常去的地方应该都可以找到这些文件。

第二，把成交文件拿出来的最佳时机

至于什么时候以及怎样把你的成交文件拿出来，你可要考虑清楚。如果你做了一个长长的示范以后，然后弯下身子，拿出你的供销合同，你的客户看见了，一定会紧张起来，而当你在翻阅你的表格的时候，他就会想办法怎样推托。如果你要在供销合同上填写，你就一定要把它拿出来，而客户看到了可能会紧张，那你不如一早就把它拿出来了。你不用挥舞着那些表格大喊："这就是供销合同表格了。"你只要拿一张出来，和其他的材料放在一起就行了。

第三，使用全新的成交表格

使用全新的表格，而不是那些杂乱得如同狗啃过的一样。如果客户看到你的表格犹如婴孩的口水巾，皱皱的，他一定以为你六个月来都没有过

成交，那他为什么要成为第一个人呢?

第四，使用计算机

现在的人都是用计算机来做计算的，因为客户会觉得计算机不会犯错误，所以就算你的心算比计算机还快还准也不要用心算，相信你不打算让你的客户怀疑你的计算错误吧?

第五，使用推介信以及录音

推介信是非常好用的销售工具，所以你要善于利用它们。最好用的推介信是由客户认识的人写的，其次是住在附近的人写的，因为客户比较容易查证。如果附近的人给你写推介信，更好的办法是让他们为你录音，尤其是现在的录音笔便宜又好用。

让时间变金钱——销售工作中如何有效利用时间

1. 与顾客共进午餐。独自一人吃饭是最浪费时间的。与顾客共进午餐，可以使双方的交谈在一个比较融洽的气氛中进行，容易达到预定的效果。另外，还可以从顾客那里学到不少的东西，提高自己的素养。

2. 利用等待顾客的时间读书学习。利用等客户的时间看一些资料，观察所在的环境，分析客户的性格、爱好、财力、修养等等，可以为与客户见面时的交谈做好准备。

3. 作出良好的工作安排。销售工作需要准备大量的资料，这些工作要在头一天晚上在家里准备好。

4. 合理地运用交通工具。在拜访客户时走哪一条路线，坐什么车都要计划好。根据要拜访的客户的位置制订行程表，可以避免在交通上浪费时间。在车上，还可以看一些资料，思考、推敲销售方案，也可以记住街区情况，路旁建筑物、商铺位置，大型广告上的企业名称、地址及电话。

5. 拜访顾客之前，预先将客户的所有情况调查清楚。

6. 准备不充分时不去拜访客户。充分做好准备，在确定了销售方案之后，再去拜访，就不会因为准备不足而白跑一趟。

欲擒故纵假意离开

当你追逐整个世界，它会从你身边逃开。当你逃离整个世界，世界会追逐着你。应对你的客户，这同样是一条不变的真理。人的心理就是如此神奇。

客户一般都会对销售人员抱有警戒心理，本能地对其不信任。这样的话，销售人员把自己的产品说得越好，客户越觉得是假的；销售人员越是热情，客户越是觉得他虚情假意，只是为了骗自己的钱而已。

在实际销售中，很多销售人员往往为了尽快拿到订单，一味穷追猛打，以为通过密集轰炸就可以把客户搞定，其实这样很有可能会起到相反的效果，令客户产生逆反心理——因为客户常常持质疑的态度，如果此时只是一味强调自己的产品如何如何好，如何如何实用，客户反而会更加警惕，因而害怕受骗而拒绝接受。

很多销售人员不懂得客户的心理，在销售过程中，总是片面地、滔滔不绝地介绍产品，而不顾客户的感受，结果只能是一次又一次地遭受到客户的拒绝。

其实，客户的这种逆反心理会让其拒绝购买，相反也会促使其主动购买你的产品。有时当销售人员拒绝客户购买某产品时，客户反倒非要买来用用，结果是客户自己说服了自己。

所以，销售人员在向客户销售产品的时候，一方面要避免引起客户的逆反心理驱使其拒绝购买自己的产品；另一方面，还要学会刺激客户的逆反心理，引发客户的好奇心，让客户产生强烈的购买欲望，你不卖他就会非要买。从而从正、反两方面来调动客户的积极性，使自己的销售工作获得成功。

爱德华先生的私家车已经用了很多年，经常发生故障，他决定换一辆新车，这一消息被某汽车销售公司得知，于是很多的销售人员都来向他销售轿车。

每一个销售人员来到爱德华先生这里，都详细介绍自己公司的轿车性能多么地好，多么地适合他这样的公司老板使用，甚至还嘲笑说："你的那台老车已经破烂不堪，不能再使用了，否则有失你的身份。"这样的话无疑让爱德华先生心里特别反感和不悦。

销售人员的不断登门，让爱德华先生感到十分烦躁，同时也增加了他的防御心理，他心想：哼，这群家伙只是为了销售他们的汽车，还说些不堪入耳的话，我就是不买，我才不会上当受骗呢！

不久又有一名汽车销售人员登门造访，爱德华先生心想，不管他怎么说，我也不买他的车，坚决不上当。可是这位销售人员只是对爱德华先生说："我看您的这部老车还不错，起码还能再用上一年半载的，现在就换未免有点可惜，我看还是过一阵子再说吧！"说完给爱德华先生留了一张名片就主动离开了。

这位销售人员的言行和爱德华先生所想象的完全不同，使自己之前的心理防御一下子失去了意义，因此其逆反心理也逐渐地消失了，他还是觉得应该给自己换一辆新车。于是一周以后，爱德华先生拨通了那位销售人员的电话，并向他订购了一辆新车。

当你尽了所有的努力后，发现准客户仍然不配合，你完全不能够说服他，同时准客户也不愿意告诉你他背后真正的抗拒是什么时。换句话说，你已经觉得自己无能为力了，这时候，你应该怎么办？

反正你没什么损失。假如你就这样一言不发，或搞不清他主要的抗拒理由就此离开的话，那么你再也没有回来销售的机会了。当你走出办公室时，准客户恐怕已经忘了你叫什么名字了。所以，以下就是你应该采取的方式。

与其继续进行销售活动，不如开始很礼貌地放弃并准备离开。你可以说："某某先生，不好意思让你花了那么多的时间，真的很感谢你聆听我的谈话，希望将来我们有机会再见面。"你一面说，一面收拾资料，关上手提包，站起来握手道别，然后开始走向门口。准客户看到你准备走了，他就不会再有任何防卫或辩解的压力。他会开始感到轻松，像是吐了一口气一样。他的心思会转向你走后他要做的事，他的注意焦点转移了。他现在的状况就像是拳手垂下了双手，认为竞赛已经结束。

当你走到门口的时候，把手放在门把上，好像是要走，然后似乎又想起了什么，你转身面对准客户说："顺便问一下，某某先生，在我离开以前，不知道能不能请您帮个小忙？假如我能够知道我在这次展示中做错了什么，那对我将来访问其他客户的时候会大有帮助。你真正不愿意购买的原因是什么呢?"然后你就完全保持沉默，并且微笑。

客户通常此刻已完全放松，他就会告诉你真正的原因。他会这样说："我真正的考虑是，以我们目前的作业水准，这样的成本划不来。"

你这时候就可以放开门把，然后说："某某先生，那是我的错。我显然没有很完整地解释我们产品这一部分的内容。假如能够再花一分钟，我就可以让你看到我们在这种状况之下的做法。我相信你绝对会满意这样的答复。"然后你就回到座位，打开手提包，拿出资料，重新开始销售。

你会非常惊讶地发现，用这样简单的程序可以挽救很多生意。

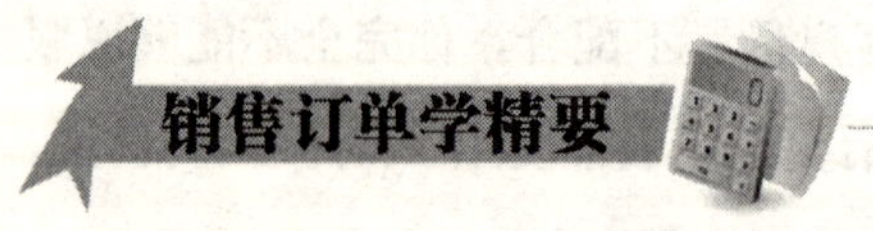

巧用心理介入促成订单

销售过程中，用心聆听、巧提问题、描述故事这三个心理介入工具可以帮助你巧妙地促成订单。

1. 用心聆听

被认同、被关注是人类共同、深层次的心理需求。懂得用心聆听，这是销售人员与客户建立关系的最重要也是最基础的方面。成功服务的核心思想在于"利他"：关注和满足于客户的需求，而不仅仅是企业、销售人

员、服务人员的需求。只有在这样的情况下，销售人员才可能与客户建立起关系，进而进行销售。

用心聆听这个技巧可以支持销售人员快速将焦点转移到客户身上。在这里，复述也是一个行之有效的小工具。销售人员可以通过复述客户的需求、客户的状态等方式来与客户建立关系。

2. 巧提问题

将提问作为一种专门的销售技巧发展成为成熟的 SPIN 销售模式。好的问题可以带给客户新的思考与启迪，它将有力推动客户的购买行为。在惯性思维中，客户往往容易保守地认为："我所想到的就是最好的解决方案。"所以，他们会抗拒由产品、服务所构成的新解决方案。通过提问，销售人员能够让客户自动自发地找到内在的需求。一旦意识到需求解决的重要性、急迫性，客户就会产生出足够行动的购买冲动。

懂得提问题，销售人员才有机会在不进行正面强势销售的情况下，照见客户思维的盲点，打开一片新蓝天。

3. 描述故事

描述故事将有力地推动客户的购买热情与积极性。经典经济学往往将客户视为完全了解自己需求，并以购买为解决方案将自己利益最大化的理性人。经济学理论的演进，让市场越来越多地观察到客户购买决策中的有限理性行为。

反问回答提供新选择

当你的客户向你发问时，用问题作为答案，当然这个问题一定要是个选择题，因为问题越容易回答，客户才越有可能做出回答，而客户的回答恰好是你需要得到的购买信息。

要是有人把刺猬扔给你，让你拿起来，你会怎么做？最好的办法是，把刺猬还给他，看他如何去拿。

当你和顾客谈论你的产品时，不仅仅你会发问，顾客也会提出问题的。那怎么办呢？有效的方法之一是事先考虑好顾客可能会提出的任何疑问，而这些疑问有助于你进一步了解对方的需要。但是切记，当你并没有完全明白顾客发问的动机时，千万不要直接回答，否则你可能会失掉订单。

你可以采用一种已经证明极其有效的方法——反问，把问题再丢给顾客。

为什么要再把问题丢回给顾客呢？因为你虽然知道自己发问的动机，但是并不很清楚对方的动机是什么。如果你大费口舌，你就很难弄清楚顾客的真正需求是什么。如果你不知道顾客的真正意图，你又喋喋不休，结果很可能会让自己陷入到尴尬的境地。这时候，顺应和把握客户发出的购买性发问，而用反问的处理技巧是相当有效的。当客户回答你的反问时，你很可能就得到了一个确切的成交信号。

实践证明，反问是一种效果显著的说话技巧，如能根据情况巧妙地使用，它必定会对你的生意的成交提供很大的帮助。

某公司销售人员在销售冰箱时，遇到一个客户表示需要冰箱，但是对冰箱的颜色提出了严格的要求。客户说："你们有银白色电冰箱吗？"此时，销售人员马上意识到自己所销售的冰箱中并没有这一款。但他没有直接回答，因为一旦他直接回答没有，客户就会说，没有就不买。

销售人员想了想，就反问客户说："抱歉！我们没有生产这种颜色的冰箱。不过，我们销售的冰箱有好多种可以供您挑选，有白色的、有棕色的、有粉红色的。在这几种颜色里，您比较喜欢哪一种呢？"

客户说："我想要银白色的！"

销售人员说："白色的、棕色的、粉红色的都很不错。您选一种试试看，您就会发现它们真的很不错。"

客户说："我想要银白色的。选其他颜色有什么用呢？"

销售人员说："当然有用。不信您选选试一试。选一选，试一试，您就会体味到这些颜色的冰箱有不少是适合您的需求的。"

于是，客户就不再推托，跟着销售人员去挑选冰箱。在挑选冰箱的过程中，销售人员逐一向客户介绍了白色的冰箱、棕色的冰箱、粉红色的冰箱，并给客户讲了配合什么样的家具更显得协调合适。

在看冰箱的过程中，客户逐渐对白色冰箱产生了兴趣。销售人员趁机说服客户购买白色的冰箱，并向客户介绍冷暖色的一些简单知识，告诉他，对于冰箱来说白色是非常合适的。因为白色是冷色，给人以清凉的感觉，使用这样的冰箱，往往容易给人一个好心情。客户听了后，觉得也挺有道理，便让销售人员帮他选择了一款白色冰箱。

就这样，销售人员以反问式的回答，促成客户签下了一单。

销售人员需要记住的是，你是在协助客户们获得他们想要得到的，那更完整、更方便及更有效率的结果，但是大部分的客户并不真正知道如何充分利用所有你提供的价值，至少他们知道的没你多，那就是你可以切入之处。你可以协助客户挑选满足他们需求的最佳组合，就算是帮了他们的大忙。只要把这些项目统合起来，然后让客户们以一个购买决定照单全收：将你的产品包装在一起以达到最终的效果。不但客户会感谢你，而且你会因此而荷包满满，赚一大笔钱。

麦当劳就是一个很好的例子。过去客户在排队时，先是想叫一份汉堡，然后再加一份可乐或别的东西。最后麦当劳终于了解到：客户们并不是为了一份汉堡及可乐，他们要更完整的套餐。所以，现在你可以在麦当劳一样地排队伍，并可以点他们的套餐，包括比较大的三明治、薯条及饮料，再多加几块钱，客户还可以将套餐变成超级全餐，饮料多八盎司，薯条也变成更大包。

给客户三个较好的选择，他们之中有许多人会在他们原来想要的选择外，再从剩下的两个选择中选一个附加的上去，而在每一项你所添加的选项上，都会带给他们超级的价值，这比你照章办事要带给他们更多的利益。

这一成单技巧的关键是协助客户去购买他们想要的产品或服务，而他们只有在知道什么为可能的情况下，才可能对任何产品或服务作出最聪明

及最有效的决定，所以你的机会就是你的责任。除非他们充分了解在何种情况下可能会更好，否则你不能让客户只选择想要买的东西，这就是向上销售及交叉销售的精神。

举例来说，百叶窗及窗帘的销售，他们的标准方案是以一种非常吸引人的价格，提供品质极佳的百叶窗或窗帘。总之，大部分的人都想要得更多，想要让他们的住宅看起来更漂亮，想让他们的办公室看来更戏剧化，让他们的室内摆设和布置更协调，而这些就开启了向客户建议之门，销售人员因此提供了向上销售及交叉销售。向上销售是不同等级、不同材质、不同颜色的百叶窗及窗帘。交叉销售则是其他相配的装配品，例如，一幅美丽的短帷幔，或是为了配合窗帘的颜色而重新替室内的椅子配上椅垫，以使全室的颜色统一。向上销售与交叉销售这两项功能，让你的专业在实质上能够得到更大利益，也是能同时对客户提供服务的工具。而这个过程中，你也可以获得长足的进步。

让客户陶醉在你的产品中

首先，问自己。“顾客会如何使用这个产品呢?”

其次，再自问。“顾客在使用这个产品，享受它的效果与获得它的益处时，将是怎样的快乐的景象?”

最后，把这快乐的影像告诉顾客。描绘未来感觉，唤起顾客的美好感觉，用具体化的语言，勾起顾客的购买欲望，用此种方法销售是无往而不胜的。

有一位相当成功的销售员总是对新进销售员说道:“如果我要你们出

去卖柠檬，你一开始可能会说，买我的柠檬吧！或是柠檬大拍卖！当你是个老练销售员时，你会说，看看这些漂亮柠檬吧，把它带回家，一切开，就会看到阳光的影子，你就可享用最新鲜且充满维他命的柠檬汁！”

谦虚拜师以退为进

即使客户没有给你直接的购买承诺，不要用垂头丧气去证明客户的选择原来是理所当然，不如向客户请教一下你因何失败，这无异于向对手询问他的死穴，而当你谦虚拜师时，这位“对手”会欣然传授。

人，尤其是成功的人都愿意凡事占据主动，而不愿被动地吸纳。所以有的人如果能有机会开导别人会十分开心。那么，作为一名销售员，面对这种人时不妨以一个学生的形象去与顾客打交道，满足对方的“教导欲”，为销售另辟一条蹊径。

在你费尽口舌，使出各种方法都无效，眼看这笔生意就要做不成时，不妨转移话题，不再向顾客销售，而是向他请教自己在销售中存在的问题。这样，不仅可满足对方的虚荣心，解除彼此对抗的态度，还有可能获得订单。

有一个名叫威森的服装设计师，他为一家服装设计室提供草图。3 年来他每个星期天都去拜访设计室著名的服装设计家，那位设计家从不拒绝他的造访，但也从不买他的草图。他总是很仔细地看草图，然后摇着头说："不行，威森，你的东西太叫人失望了！"经过多次的失败，威森终于明白自己的方法太墨守成规了。于是他潜心思考一番后，终于来了灵感，一天，他随手抓起6张未成的草图冲进那位设计家的画室。

他对那位设计家说："帮帮忙。请您帮我一个小忙，这些草图都没有完成，请您指导一下，我应该怎样把它们完成？"

设计家默默地看了一阵草图，然后说："威森，把它们放在我这儿，过几天你再来。"

3天以后威森又去了，设计家给了他一些建议。威森回到自己的画室，立即按设计家的意见开始修改草图，结果呢？这6张草图破天荒第一次被设计家接受了！

从那时起，这位设计家订购了威森的其他许多图案。这些图案最终都

是根据他本人的想法完成的，而威森却赚了很多钱。

不难看出，过去威森只是催促设计家买下自己认为他应该买下的东西，后来威森变成了学生，通过向设计家请教，满足了其“教导欲”，形成了对威森的图案设计的好感，因而威森成功了。

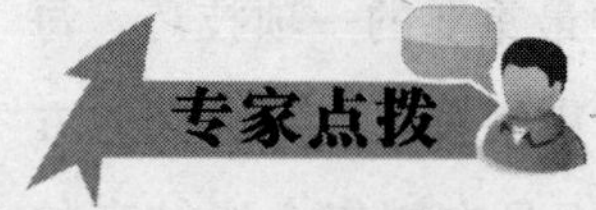

成交是销售代表的根本目的，如果不能达成交易，那么整个销售活动也就是失败的。因此说，成交凌驾一切。

对很多销售人员而言，在销售过程中最令他胆怯的部分就是销售会谈结束后并要求客户采取购买行动的时候，为了使销售会谈迅速有效地结束，销售人员必须要先了解结束会谈并签约成交的必备条件。

首先就顾客方面的客观条件来看，客户必须要对你的产品产生占有的欲望，必须有想要购买的冲动；其次是客户的信赖感，他必须真的信任你，信任你的公司；第三个条件，他必须充分了解你的产品与服务，唯有他知道你的产品对他有什么帮助，使他受什么益或解决什么问题，你才可以进行结束交易的工作！

另外就销售人员本身的主观条件来看，第一，你必须非常清楚地了解客户的需求，你必须深信你的产品或服务能满足他们的需求；第二，你的态度必须十分热切，你必须将你希望他从产品中获得益处的热忱传递给他，因为你兴奋的情绪除了会影响到客户跟你有一样的心情外，也会掩盖结束销售时双方紧张的人际关系；第三，你一定要懂得如何有效地结束销售会议以达成交易，知道如何在不同的情况下，运用不同的技巧来要求客户签约，完成交易；第四，你必须在客户向你说“不”的时候有心理准备，通常要促成一个交易，你最少要进行 5 次结束销售的尝试，用 5 种不同方法要求客户承诺要购买；第五是沉默的威力，我们曾经谈过最优秀的销售人员都采用低压力的销售方法，但在结束销售的时候，你应该用沉默展现出你的压力，你保持沉默越久，客户就越可能作出购买的决策，你一开口发出声音，他就会决定延后，拖延购买的时间了。

如果你确定当前已经具备了以上签约成交的必备条件，那么，是时候采取行动了！

结束销售会谈，要求购买行动，是销售工作中最重要的一项技巧。每一位销售人员都必须不断地操练自己，熟练各种结束销售、签约成交的方法来提高自己的销售工作。我们发现成功的销售人员在销售会谈结束的时候，平均要求客户购买至少要 5 次以上，才能真正地获得订单。你应有技巧性地一而再再而三地询问客户是否愿意签下订单购买，因为每次你开口要求的时候，他对你的产品跟服务的抗拒就会降低一点，即使你已经问了四五次，非常有可能再问一次他就同意了！所以呢，绝对不能轻言放弃！

哀兵策略逆转成单

当销售人员山穷水尽，无法成交时，由于多次的拜访和客户多少建立了一些交情，此时，若销售人员面对的客户不仅在年龄上或头衔上都比自己大时，可采用这种哀兵策略，以让客户说出真正的异议。

销售员知道了真正的异议，有如“柳暗花明又一村”，就可确确实实地掌握住客户真正的想法。只要能化解这个真正的异议，销售员的处境将有 180 度的戏剧性大转变，订单将垂手可及。

进行哀兵策略的步骤：

1. 态度诚恳，做出请教状。
2. 感谢客户挤出时间让自己销售。
3. 请客户坦诚指导，自己销售时有哪些错误。
4. 请求客户说出不购买的真正原因。
5. 了解原因，再度销售。

第八章

服务无止境，订单还复来——让订单自己找上门

现代销售人员面对的是一个没有硝烟的战场，而老客户正是销售人员最可信赖的战友，最可依赖的再生资源。

在竞争激烈的销售行业，所销售的产品或服务有时也大同小异，唯一让你的客户将你和其他销售人员区分开来，并选择你的方法，就是与众不同的、更好的服务。

如何做到让客户满意？如何做到让客户惊喜？如何留住老客户？如何再挖掘老客户？这些命题的解答决定着你的未来。

留住客户的服务要超越客户期望值

销售前的奉承，不如销售后的服务，这是制造永久客户的不二法门。如果你的服务能做得更多，那么这位客户必将忠诚于你了。

当客户完成购买体验，期望值得到满足的时候，客户满意度就会升高；期望值如果得不到满足，客户就会产生沮丧感，由此导致客户资源流失。虽然在表面上这是客户的流失，实际上是客户期望值管理没有做好。

在竞争空前激烈的今天，客户就是销售人员生存与发展的基础。客户期望值管理也是每一个销售人员都必须面对的。做好期望值管理的关键是要给客户一个合理的期望，让双方朝着一个方向努力，把双方期望值的鸿沟缩小，达到双赢的目的。如果销售人员为客户设定的期望值与客户所要求的期望值之间差距太大，就算运用再多的技巧，客户也不会接受，因为客户的期望值对客户自身来说是最重要的。

要有效地进行客户期望值管理，应该注意以下实施要点。第一，对客户坦诚相告；第二，要客观评价产品与服务；第三，与客户有效沟通；第四，严格遵守承诺；第五，控制客户的期望值，达到双方认可的水平；第六，争取客户认可与支持；第七，通过切实的、让人可以感受的服务来证明客户是被重视的；第八，对客户的额外要求要谨慎。

客户期望值是客户满意的内部因素，销售人员应该进行良好的客户期望值管理，以实现对客户的拥有、对市场的控制，为未来的发展与成功打下坚实基础。

泰国的东方饭店是一家已有 110 多年历史的世界性的大饭店。而这家饭店这么多年以来，几乎天天客满，不提前一个月预订很难有入住的机会。一个饭店能经营到这种程度，自然有其特殊的经营秘诀。因为饭店对每一个入住的客户都给予最细致入微的关怀和重视。为客户营造了最舒适的、最体贴的环境和氛围，让客户流连忘返。

除了饭店的住宿、餐饮、娱乐等消费的大环境让人倍感舒适和享受以外，具体的服务小环境也是让人倍感温馨和体贴。

比如，一位史密斯先生入住了这家饭店，早上起床出门，就会有服务生迎上来："早安，史密斯先生！"不要感到惊讶，因为饭店规定，楼层服务生在头天晚上要背熟每个房间客人的名字，因此他们知道你的名字并不稀奇。当史密斯先生下楼时电梯门一开，等候的服务生就会问："史密斯先生，用早餐吗？"当史密斯先生走进餐厅，服务生就问："史密斯先生，要老座位吗？"饭店的电脑里记录了上次史密斯先生坐的座位。菜上来后，如果史密斯先生问服务生问题，服务生每次都会退后一步才回答，以免口水喷到菜上。当史密斯先生离开，甚至在若干年后，还会收到饭店寄来的信："亲爱的史密斯先生，祝您生日快乐！您已经5年没来，我们全饭店的人都非常想念您。"

这样的环境和服务，让客户享受到了最舒适的体验，也受到了最大的重视和关怀，因此，只要来过这里的客户，都会愿意再次光顾。

销售行业存在太多的竞争，所销售的产品有时也都大同小异，唯一可以让你的客户将你与其他业务员能区分开来的方法，就是与众不同的、更好的服务。

世界顶尖的销售人员，他们对客户的服务是最好的。在完成每次销售后，他们会马上写一封亲笔信寄给新客户，恭贺他。他们还会寄给某些客户可能对他们有用的杂志和报刊，而且致函感谢那些推荐名单的人们，不管这些人最后是否购买产品。另外在重要客户家有喜事时及一般人情世故上也必须随时保持联络，给客户朋友般的关怀，可以打电话问候，也可题词送匾予以祝贺。

柴田和子为人和蔼可亲。她把自己的成功总结为两个字——服务。每年的感恩节，都会为客户送上一只火鸡。因此，人们都亲切称她为火鸡太太。

在乔·甘道夫看来，无论客户是大客户还是小客户，每位客户都会从自己身上获得相同的东西——服务。甘道夫常这样说："我有义务为他们服务一辈子。"

作为成功的销售人员，你就必须努力提供给客户最佳的服务。乔·吉拉德说："销售的名称就叫做服务，尽量给你的客户最好的服务，让他一想到和别人做生意就有罪恶感。"同时，乔·吉拉德还认为："事实上，重点并不在于你销售什么东西，当你真的想要服务你的客户时，他们会感觉得到，而你也会因此说服客户购买你的产品。"

业绩好坏的差别，不在产品本身，服务才是起着主导因素的，如果你服务良好的话，当你从事销售工作两年以后，你的生意将有百分之八十来自现有客户，另一方面，无法提供良好服务的销售者，绝对无法建立起稳固的客户群，也不会有良好的声誉。

接到订单只是个开始。在今日的商业世界中，不做售后服务的人，可以说完全没有生存的空间，良好的售后服务是销售的一部分，体会不到其重要性的人注定是要失败的。

弗兰克·贝格的客户稳定，人缘奇好。业务销售中有80%来自原有的老客户，绝大多数客户在买他的保险，累计支出数万美元，贝格成功的秘诀在于真正替客户着想，急客户所急，他恪守的工作准则是九个字"服务、服务、服务、再服务！"他笃信：售给某个人的每一份保险，就是跟这个客户长期关系的开始。

做销售就是在做服务。如果你想成功的话，请问你有他们服务做得好吗？所以现在赚不到钱只有两个原因：一是你服务的人数不够多；二是你服务的品质还不够好。

不要总是销售产品，而是要思考如何给更多的人提供更好的服务。服

务就是急客户之所急，想客户之所想。服务客户要做到两点：①永远的售前服务；②服务要超出客户想象的水平。

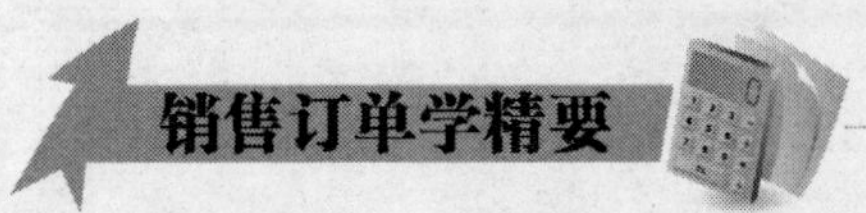

销售订单学精要

懂国人个性，做国人生意

在成功销售人员的眼中，中国人个性中的优点和缺点，都是成交的机会点。

中国人的记性奇好，所以对客户的承诺一定要兑现，否则你这辈子都恐怕没有机会成交。

中国人爱美，所以销售人员给人的第一印象很重要。

中国人重感情，所以销售要注重人与人的沟通。

中国人喜欢牵交情，所以你也要和你的客户牵交情——哎呀，小王啊，是你同学啊，他是我邻居啊。这样关系可以立刻拉近。

中国人习惯看脸色，表情都写在脸上，所以你要注意察言观色。

中国人喜欢投桃报李，所以一定要懂得相互尊重。

中国人爱被赞美，所以你要逢人减岁，逢物加价。

中国人爱面子，所以你要给足你的客户面子。

中国人不容易相信别人，但是，对于已经相信的人却深信不疑，所以销售最重要的是获得客户的信任。

中国人太聪明，所以不能被客户的思路带着走，销售的每个环节由谁来主导决定了最后是否能成交抑或你被客户拒绝。

中国人不爱“马上”，怕做第一，知而不行；喜欢话讲一半，所以在适当的时机，你要懂得给你的客户作决定。

中国人喜欢马后炮，所以你要表示对他意见的认同。

中国人不会赞美别人，所以你要学习赞美。

有效掌握客户的心理思维规律是把握客户关系的关键步骤。当你越来越忘记销售技巧时，你的技巧才真正越来越纯熟了。

感动老客户的服务需要惊喜

感动都是从惊喜开始的，老客户也会对你的服务产生审美疲劳，因此，对于相识已久的老客户，不如用惊喜去重新感动他。

在个性化、时尚化趋势日渐明显的今天，销售发展的关键和核心，不是去抢一块更大的蛋糕，而是把自己手中的这块蛋糕做大；不要祈望把你的产品卖给所有人，而是要找出自己的发烧友来，强化客户的忠诚度；今天卖给所有人，明天可能谁也不买你的产品！

客户想到了你做到了，客户会满意；客户没想到你做到了，客户会惊喜。客户满意是一般性标准，是满足了客户的预期；客户惊喜则是服务的最高标准。

惊喜就像幽默一样，一定是出乎意料的、一定是客户原来没有想到、遇到的，一定是神秘十足的。在有些宾馆里，人们会在房间内的桌子上或者床上，偶然发现几个鲜艳的千纸鹤，宾馆方虽然没有增加多少成本，却让人感觉到了意想不到的惊喜，感受到了如家般的温暖。其他一些宾馆则会在房间内放置一些精致的小花瓶，惊喜的房客会发现里面放着几张定额钞票和一封贺信，除了恭贺入住外，还会明确说明，这些钞票是对你的特别优惠，一番小意思，请笑纳，房客还能不暗地里偷着乐吗？这些小小的举措，难道有什么难度吗？难道承受不起吗？难道不比直接采用打折的活动更能增加客户的忠诚度，更能够提高客户再次入住的概率，更能够增加客户对你的偏好吗？

销售人员拜访一位老客户，第一次毫无进展，第二次，客户同意把产品画册和价格表留下来看看，让他改天再去。销售人员知道客户在敷衍，但又无计可施。

过了三天，销售人员准备再去拜访，提前给客户打电话。哪知道一打电话，客户的电话停机了。销售人员灵机一动，这不正是一个好机会吗？为什么不先帮她交电话费呢？想到这里，他毫不犹豫地去帮客户交了100块的电话费。接着就马上给客户打电话，说："我是××公司销售员，前几天您叫我过几天再联系您，我刚刚给您打电话您电话停机了，您工作一定很忙，为了不给您的工作带来不便，所以我帮您交了100块的电话费，请问您今天有时间吗？"客户一听，有惊喜也有感动，便让销售人员过去。很快，订单拿下了。

一个惊喜大于N个满意，保持客户的关键就是给客户惊喜。首先，我们要弄清为什么要让客户满意，要将客户满意转变为客户惊喜？

客户满意是一种心理活动，是客户通过对一种产品或服务的可感的效果或结果与他的期望值相比较后所形成的感觉状况。客户满意的重要性包括以下几个方面：客户满意可以增加其客户忠诚度，忠诚客户是销售人员最宝贵的资产；客户满意有利于提高销售的利润；客户满意可以降低成本，减少费用开支；客户满意有利于销售人员与客户更亲密的接触，从而

更好地挖掘出客户的真实需要；客户满意有利于提高销售人员的整体声誉与形象，从而成为未来发展的丰厚资源。

当前市场竞争日益激烈，各个行业的销售人员都面临着客户流失的重大问题。这一是直接造成销售人员的损失，二是为什么销售人员要让客户满意，给客户惊喜从而挽留客户、吸引客户、保持客户，最大限度地让客户满意，让客户将满意转变为惊喜。

如何将客户满意转变为客户惊喜呢？怎么样的惊喜给客户才算是好的惊喜？这些才是我们真正值得思考、探索的问题。所谓惊喜就是超出客户对产品和服务的基本期望，并提供满足客户潜在的需求品质，而这种品质是有一定差异化的。满意意味着客户可以得到公司满意的服务，惊喜是从另一方面承诺客户得到更高的服务水平，如果客户在满意的基础上感到惊喜，那么就说明销售的产品或服务符合了客户的需求。

给客户的惊喜因不同客户而异，主要可从以下几个方面入手：一是提炼产品和服务中能塑造惊喜的品质，而不是所有的品质都能塑造惊喜；二是不同的客户要给予不同的惊喜；三是惊喜是随着市场的变化而变化，要有主流性、独特性、差异性。比如客户生日时给予祝福，打电话问候，发祝福短信，赠送一些免费的产品和服务等等，客户生日当天邀请他去公司里唱生日歌，送上一份温馨的礼物等等。这些往往可以让客户感到惊喜，满足了客户的心理需求，这些也在无形中给客户带来莫大的期望和惊喜。

客户在最平凡的体验中也期待惊喜，期待被尊重的感觉，只要销售人员去寻找需求，发现以后去填充他，并给予这样的事件以感染力，就会给客户创造这样的惊喜。总的来说，让客户满意、给客户一个惊喜是创造一个舒适而值得信任的关系这一坚定承诺的结果。我们只有努力创造属于客户的惊喜体验，在细节中创造惊喜，提供全方位优质的服务，让客户真正地感受到惊喜，那么我们就能够更好地将客户满意转变为客户惊喜，真正做到感动客户！

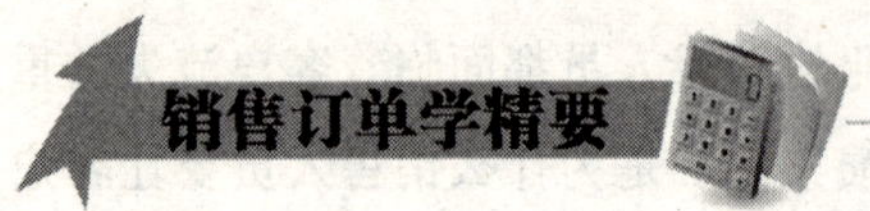

顶尖销售的 7 个共同点

通过对 500 多位出现在书籍或杂志上的销售高手的分析、整理，研究他们的观念、行动和销售方法，总结出以下 7 项共同之处：

1. 行动量甚大。
2. 经常针对销售方法下创意工夫。
3. 认同销售人生。
4. 全心当销售人员，同时对服务客户倍感兴趣。
5. 懂得建立信用和人脉，并且重视经由这个关系介绍的订单。
6. 热爱产品和本职工作。
7. 采用同竞争对手和自己的销售纪录挑战的姿态。

爱批评的客户才是忠诚的客户

当客户提出投诉的时候，你正好有了一次机会来加强客户关系。批评只能证明他在期待你的进步，而对你产生放弃念头的客户，一定会悄无声息地走掉。

当你身为客户，却对购买的产品或服务不满时，你是会向销售人员提出抱怨，还是转而向其他朋友诉苦，叫他们千万别上当受骗？如果你决定提出抱怨，你会希望销售人员怎么处理？而在什么样的情况下，你才可能再度成为这个销售人员的客户？

这几个问题，牵引出的是销售人员对于客户抱怨处理的服务能力。相信你也已发现，这项客户服务能力正是许多顶尖销售人员最得意的工作技能之一。事实上，无论任何行业，消费的客户都是销售利润的主要来源，尽管不同行业的交易消费形态也许不尽相同，但良好客户关系的维持，其重要性是共同的。

客服顾问巴洛有个精彩的比喻，她认为销售人员和每个客户之间都有一个情绪账户，每一次愉快的服务经验，都会在这个情绪账户中存入一笔数目；而每一次负面的服务经验，就立即在情绪账户中提领一笔数目。任何情绪账户一旦透支，也就意味着这个账户的关闭，客户关系到此结束。

为了维持这个情绪账户，销售人员当然得小心翼翼照顾每一次与客户的接触；而当客户对服务提出抱怨时，更是考验服务质量的关键时刻，这个情绪账户究竟是稳定还是终结，往往就看这一刻的反应能力了。

你需要记住的是，客户的抱怨不是麻烦而是机会。只要处理得当，你就能漂亮地反败为胜，化情绪提款为存款，将抱怨的客户变成你忠实的客户。

一家度假中心因系统问题未能将定期清洗泳池的消息通知客户，收到了客户的投诉。

当班经理亲自回电话，说："谢谢你打电话来告诉我们你的不满，让我们有立刻改进的机会。很抱歉由于我们的客房通知系统出了问题，没将泳池定期清理的消息通知给你，造成你的不便，的确是我们的错误，我感到非常的抱歉。"

她的道歉首先缓和了客户的情绪。

当班经理继续说："我了解你之所以选择敝饭店，是因为我们的景观以及戏水的方便性，为了表达我由衷的歉意，昨天晚上的房价帮你打对折。但由于池子大，要清上两三天，即使打折也仍然不能解决你在这里无水可游的问题。这样吧，如果不会造成你太大的不便，接下来的几天，我很乐意帮你升到私人别墅，那里面有自己的露天泳池及按摩池，不晓得你觉得这样的安排合适吗？"

客户当然觉得这样的安排非常合适！搬进别墅的当晚，服务人员又敲门送去一瓶不错的红酒，那是来自当班经理的特别问候。

这之后，这名客户不仅成为了度假中心的常客，他更是大力推荐给朋友让其作为公司员工旅游的落脚点。

当客户向你抱怨时，不要把它看成是问题，而应把它当做是天赐良机，所谓“抱怨是金”。当客户抽出宝贵的时间，带着他们的抱怨与你接触时，也是免费向你提供了改进的方向和目标。

如果客户产生抱怨，除了表明客户对我们寄予厚望与信任之外（客户不满投诉只有4%），更说明我们仍存在需要改进的地方。

销售人员若能快速、正确、有效地处理好客户的抱怨，则会产生以下的效果：

第一，增加客户对店铺的信赖度

若你在处理客户的抱怨事件时能够表现出诚意，为客户解决实际问题，那么将增加客户的信赖感。

第二，反映出产品或服务的不足之处

从客户抱怨事件的反应可以反映销售过程中各个环节的弱点，只有不断改进，才能提高销售绩效。

第三，能培养店铺的基本客户

通过对客户抱怨事件的有效处理，逐渐改善销售流程，能够建立客户与销售人员的感情，久而久之，将为你培养大批的基本客户。

在处理客户抱怨时，你需遵循以下原则。

第一，站在客户立场上将心比心

漠视客户的痛苦是处理客户投诉的大忌。销售人员必须站在客户的立场上将心比心，诚心诚意地去表示理解和同情，并承认过失。因此，对所有客户投诉的处理，无论是已经被证实还是没有被证实的，都不是先分清责任，而是先表示歉意，这才是最重要的；否则，后果将会难以想象。

第二，想方设法平息客户的怨气

由于客户的投诉多数属于发泄性质，只要得到同情和理解，消除了怨气，心理平衡后事情就容易解决了。因此，销售人员在面对客户投诉时，一定要设法搞清楚客户的怨气从何而来，以便对症下药，有效地平息客户的抱怨。只有认真听取客户的投诉，才能发现其实质性的原因。千万不要争辩，那只会火上加油，适得其反。

第三，正确及时地解决客户的问题

对于客户的投诉应该及时正确地处理，若拖延时间，只会使客户的怨气变得越来越强烈，使客户感到自己没有受到足够的重视。例如，客户投诉产品的质量不好，销售人员通过调查研究，发现主要原因在于客户的使用不当，这时应及时地通知客户需要维修产品，告诉客户正确的使用方法，而不能简单地认为与产品无关，不予理睬，因为这样会失去客户。如果经过调查，发现产品确实存在问题，销售人员就应该多方协调，给予适当的补偿，并尽快告诉客户处理的结果。

客户的抱怨对销售来说是宝贵的信息，它可以指导你更好地为客户提供优质服务。更是你能否通过客户服务水平提升从而走向辉煌的分水岭的关键。所以客户抱怨是金，关注客户对于产品或服务的不满、抱怨、投诉的处理是提升整体销售服务水平的关键。

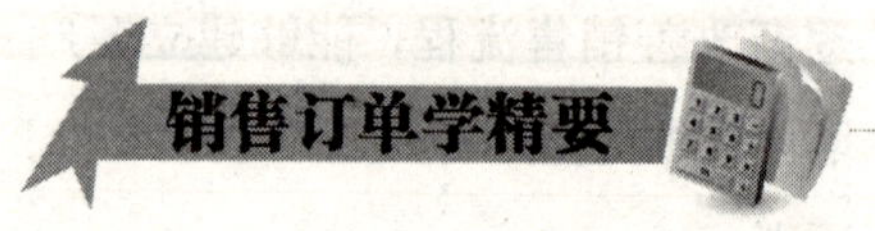

承担客户不满的15个步骤

以下是你对不快或不满的客户承担责任的15个步骤。这一方法不仅有效，而且能使你在处理事情之后自我反省，以防止类似的问题再度发生。

1. 告诉他们你理解他们的感觉。

2. 将心比心，给予同情。

3. 从头到尾耐心倾听。

4. 尽可能地对他们表示赞同。
5. 作记录，确认他们所说的没有遗漏。
6. 扮演你所在公司的形象大使，告诉客户你将亲自处理此事。
7. 不要埋怨别人或找替罪羊。
8. 不要踢皮球。
9. 迅速作出反应。
10. 在错误以外找出你和客户的一些共同点。
11. 尽可能幽默。
12. 找出一种双方都同意的解决办法。
13. 事情解决后打一个电话追踪访问客户。
14. 如果对方愿意，请他们写一封信，表达他们的感受。
15. 问问自己："我学到了什么？"

忠诚让订单自己找上门

一个忠诚于你的客户，不仅仅会为你的服务和产品提出更多的建议和意见，他还会随着你的进步，带来后续不断的订单。

销售人员应对竞争的最佳选择，就是培育更多优质的、忠诚的客户。销售人员拥有了客户，也就拥有了成功。因而销售人员必须将忠诚客户培育与维护放到销售工作的首要地位，并贯穿以下两个基本理念。

首先，忠诚客户的培育是一个双向的互动过程。忠诚客户将得到你的优惠待遇，而你的优惠待遇又成为吸引客户忠诚的条件与保证。所有的忠诚客户都经历了不了解的观望、一般了解的随机性消费、良好体验的回头消费、建立信任的忠诚消费 4 个发展阶段。当然，也有的客户在经历了失望甚至抱怨后转而他投，成为竞争对手的忠诚客户。你给予忠诚客户的优惠待遇，其实质就是你与竞争对手进行博弈的结果。

其次，客户的忠诚度与你为客户创造的价值成正比。当你为客户所提供的价值超越竞争对手时，客户就会选择不断重复购买行为，并愿意与你建立某种形式上的长期业务联系。在零售业和服务业中，以日常经营中的点滴积累来换取客户的长期忠诚的例子屡见不鲜。忠诚客户的培育计划已

成为不可或缺的竞争利器。如航空公司的航程积分换里程计划、超级市场的购物积分换折扣计划、汽车经销商的年度销量换返点计划，林林总总，不胜枚举。

一天凌晨三四点，上夜班的出租车司机小刘开车到某企业加油站加油，摁了半天喇叭没人理。无奈之下，他掉转车头来到华东加油站，夜深人静，加油员坚守岗位一丝不苟。这个细节感动了他，从那以后，他放弃了原来的加油站，而是习惯性地绕过两条马路来华东加油。他说，从一件小事能够看出一个人，从一个细节能够看出一个企业的服务水平。

小刘现在不但是华东的忠实客户，还常习惯于对同行说这样一句话："去中国石油加油吧，那里的服务好！"在小刘的介绍下，他的同行也逐渐成为中国石油的客户。

在日趋激烈的市场竞争中，客户已成为一项十分重要的资源。谁拥有了客户，谁就能占领市场；谁拥有一大批忠诚的客户，谁就为未来的持续发展储备了无尽的资源。

销售人员应认识到，让客户满意并不一定能创造忠诚的客户，即使你提供的产品与服务让客户100%的满意，你还是会流失40%的客户。要培养忠诚客户，必须把握以下要点：

第一，倾听客户的需求

客户喜欢谈他们的处境与需要。不要抢走他们说话的机会，你说得愈多，他们流失得愈快。把说话的机会留给你的客户，并适时回应你的看法，或是反问他们开放性的问题。

第二，建立和谐关系

客户喜欢和你建立关系。譬如，通过电话沟通的时候，可以询问客户的家乡在哪里，或者听到对方办公室的声音时，例如音乐、机器设备所发出的声音等，可以顺势提一些问题，表达关心。

第三，超乎客户的期待

如果你认为一个项目需要两个月的时间才能完成，就告诉客户需要两个月的时间。若你提早两个星期完成，你就超出客户的预期。你还可以不预期地拜访客户，或是多打电话给你的客户，带给他们一些惊喜。

第四，让客户开心

幽默是和谐沟通的良方，一则笑话或是有趣的故事，都可以化解紧张与防卫心，让你展现出人性的一面。

第五，保持正面的态度

精神抖擞、态度正面的人，自然而然容易与人亲近，客户多半会比较

喜欢这样的人，所以要随时保持愉悦的心情。

第六，证明你真的在乎

为客户选购生日礼物、或是你从国外旅行回来，特地为客户挑了礼物，都是很简单的个人化服务，客户也可以感受到你真的在乎他。

此外，销售人员还需要认识到，客户的忠诚处于不断变化之中，必须时刻进行培养，具体可从以下几个方面着手。

第一，客户的忠诚度是变化的

认可客户忠诚度是一种动态的变量，不要死板地相信每个客户要么对你忠诚，要么对你不忠诚。

第二，加快营销信息的传递频率

加快营销信息的传递频率，你就可以提高成功的概率。你要努力做到的，就是在客户购买欲望最强烈时，在他们的头脑中强化你的营销信息。

第三，努力做好现有客户的工作

不断告诉他们，你关心他们，你正在努力工作以满足他们的需要，这相当于打预防针，使他们对竞争对手的宣传具有免疫力。

第四，定期升级你的产品

养成一种习惯，定期向客户传递消息。在年度商品交易展上，宣布新升级的产品和创意。更好的做法是，在年度客户规划会议上，预先让客户了解到你的新产品。

优秀客户保持率的7大建议

1. 认真对待客户的褒贬。善用客户抱怨还能敦促你积极寻求新的方法来改善自己的产品与服务。如果有客户表扬你，也不要自满，应该让自己在原有的基础上百尺竿头、更进一步。

2. 征询客户的意见。满足客户的需求对客户保持率的改善至关重要。你可以通过问卷、在线调查、电话或 E-mail 等媒介来征询客户的意见。

3. 制订忠诚度计划。你可根据自己的情况来制订相应的忠诚度计划，比方说，向数据库中不同的客户发送不同折扣的 E-mail。

4. 微笑服务。微笑服务总是不会错的，它能积极反映出你的精神面貌，并对你的客户保持率有所助益。

5. 当一个解决方案的提供者。相比从前，现在的客户精明了不少，他们能敏锐地捕捉到任何销售陷阱。因此，你如今应考虑如何做好一个解决方案的提供者，这样才能让客户感觉到你真正在关心他们的需求。

6. 当一个价值提供者。向客户提供价值并不复杂，只要做到先求付出，再问回报。

7. 提供令人难忘的服务。当客户体验到令他们难忘的服务时，他们通常就会成为你的忠实拥趸。这一现象往往发生在客户面临困难急需你帮助解决时。此时，你越能急客户之所急，客户就越满意。